COLECCIÓN POPULAR

489

TRES DISCURSOS PARA DOS ALDEAS

CARLOS FUENTES

TRES DISCURSOS PARA DOS ALDEAS

60 ANIVERSARIO

FONDO DE CULTURA ECONÓMICA
MÉXICO

Primera edición (FCE Argentina), 1993
Primera reimpresión, 1993
Segunda edición (FCE México), 1994

ISBN 968-16-4463-8

Impreso en México

PRÓLOGO

El credo de Carlos Fuentes

Ningún intelectual, en todo este vasto siglo poblado de intelectuales emblemáticos, ha reflejado tan bien como Carlos Fuentes las atmósferas, los humores, las obsesiones y los cambios de piel de América Latina. No es por condescendencia o por instinto que, en Estados Unidos, los senadores, los editores de periódicos y los diplomáticos subrayan con lápiz rojo lo que Fuentes escribe en *The New York Times,* ni es por rendirse al magnetismo de su lenguaje —elegante, preciso, henchido de ideas como un viñedo en las semanas de cosecha— que las opiniones de Fuentes son citadas tan a menudo en los despachos de los ministros de Cultura de Francia, España y el Reino Unido, al tiempo que las repiten las páginas de *Le Monde* y *Libération*, de *El País* y *The Guardian*. Desde hace ya treinta años —o tal vez más— los centros de poder y de opinión perciben que América Latina se expresa por boca de Fuentes, y que los deseos apagados del continente, los delirios amordazados por la sensatez, así como el afán de justicia, los sueños insatisfechos, los miedos milenaristas, el mestizaje, la mulatería, los duelos interminables de la civilización y la barbarie, todos esos magmas de lo que se entiende, mal o bien, por "identidad latinoamericana", han encontrado siempre en Fuentes a su vocero y su profeta. De tanto en tanto, América Latina suele "pasar de moda"—como se dice frívolamente— en los países industriales. Las ideas de Fuentes no: siempre consiguen reabrir discusiones que ya se daban por clausuradas.

En el primer número de la revista *Mundo Nuevo,* el aún joven novelista, que acababa de publicar *Cambio de piel,* dio a conocer un credo intelectual del que nunca abjuraría.* Para que la palabra sea "reveladora y liberadora", decía Fuentes entonces, debe también ser disidente. "Nuestras grandes enajenaciones son el paternalismo y el personalismo: la abdicación y la expectativa. Vivimos ansiosos de que nos protejan. El escritor de derecha, obviamente, por los poderes constituidos. Lo malo es que el escritor de izquierda, con demasiada frecuencia, también se protege bajo una sombrilla ideológica que lo exime de pensar con independencia, se disfraza con el decálogo del apocalipsis venidero y deja de escribir, de someterlo todo a juicio a través de la palabra y de la imaginación, que es nuestro mester."

Enarbolar las banderas de la herejía, asumir el lenguaje como único medio de acción y no la acción como único lenguaje, desacatar, incomodar, mostrarse insatisfecho, antiprovidencial: tales eran entonces, para Fuentes, las consignas irrenuncia-

* "La situación del escritor en América Latina", entrevista de Emir Rodríguez Monegal, en *Mundo Nuevo,* París, julio de 1966, núm. 1, pp. 5-21. La entrevista fue luego reproducida en ERM, *El arte de narrar,* Caracas, Monte Ávila, 1977, pp. 113-146.

bles del escritor latinoamericano. En las últimas tres décadas, la historia ha dado muchas vueltas impredecibles, las grandes causas han cambiado de signo pero, ante tantas mudanzas, Fuentes ha mantenido siempre los mismos principios. En nombre de ellos defendió la revolución cubana durante la década de los años sesenta y se alzó contra la guerra de Vietnam o la invasión de los *marines* a la República Dominicana. La misma intransigencia contra los dogmas y el autoritarismo determinó que le volviera las espaldas a Fidel Castro después de las diatribas que éste lanzó contra los intelectuales en marzo de 1971, punto casi final del escandaloso "caso Padilla". Y fue por preservar intactos sus ideales que renunció como embajador de México ante el gobierno francés, cuando el presidente José López Portillo encomendó la embajada en Madrid al ex presidente Gustavo Díaz Ordaz, responsable de las matanzas de Tlatelolco. Nadie más alejado que Fuentes del conformismo político, como lo prueban las invectivas que suscitó su adhesión a la causa del sandinismo en la década de los años ochenta y la renovada fe en el papel crítico del socialismo que siguen expresando sus discursos.

En todas las sinuosas vueltas del siglo, Fuentes no incurrió en una sola contradicción ideológica. Aferrado al palo mayor de sus principios, mientras la tempestad rugía por los cuatro costados, se mantuvo fiel a las mismas ideas de la juventud. Hizo repetidas profesiones de fe contra el servilismo, la explotación, el autoritarismo, los dogmas, el provincianismo, las teologías políticas y económicas. Y se pronunció a favor de la autodeterminación de los pueblos, de la democracia, del derecho de los latinoamericanos a bañarse en las aguas de todas las tradiciones culturales ("Puesto que hemos sido los últimos en llegar, la cultura de cualquier parte es también nuestro patrimonio"). Apoyó los desacatos del lenguaje, vinieran de donde viniesen, las herejías contra el conformismo literario, la duda metódica ante cualquier verdad indisputable.

Hubo un momento, a mediados de los años ochenta, en que Fuentes parecía estar en todas partes: justificando la loca imaginación latinoamericana, desenmascarando el cinismo que Ronald Reagan había entronizado en la Casa Blanca, estimulando a los lectores de *The New York Times Book Review* a sumirse en los laberintos de las grandes novelas de Augusto Roa Bastos o de Fernando del Paso, con una generosidad rara entre los escritores de primera línea. Se le veía también prodigarse en las universidades grandes y pequeñas de México y Estados Unidos para abrir las puertas de la lengua española y contribuir a que los infinitos dones de la inteligencia latinoamericana fueran descubiertos.

Por la originalidad y honestidad de lo que decía, acabó convirtiéndose —sin que lo buscara y sin que casi se diera cuenta— en la conciencia estética y el cruzado moral de América Latina, en el termómetro con que los poderes de cualquier signo medían las temperaturas del continente. El novelista que había encandilado a dos generaciones con los fantasmas de *Aura,* con el ascenso hercúleo de Cortés al Popocatépetl en *Terra Nostra* y con los abuelos terribles de *Cantar de ciegos,* parecía haber descubierto la perdida piedra filosofal de la América precolombina: el arte de transformar a las multitudes por la hipnosis de la palabra. Como no estaba comprometido con otra causa que no fuera la de sus convicciones ni tenía más ambición que la de mantenerse leal a sí mismo, las ideas de Fuentes fueron tan atentamente seguidas por senadores ultramontanos como Jesse Helms —uno de los conservadores más extremos de Estados Unidos— como por los más intransigentes jefes del gobierno sandinista, desde Tomás Borge a Daniel Ortega. Los reyes de España y el primer ministro Felipe González lo invitaban a cruzar el Atlántico en sus aviones para discutir el lenguaje común con el que España y la América española podían hablarle al planeta en las décadas por venir, y los presidentes de México no se perdían ni una sola de sus advertencias sobre las hecatombes de la venalidad política y los riesgos de la integración con los vecinos de más al norte.

Interesado por todo lo que tuviera el aroma de la vida (¿acaso no había dicho él alguna vez, en los remotos años de la década del sesenta, que "se escribe con todo lo que está vivo para uno: el amor, la violencia, el sexo, las drogas, la pérdida, la familia, el trabajo, la derrota"?), Fuentes parecía el último de los renacentistas en un continente intolerante con los renacimientos. Eso no tardó en desatar las envidias y el recelo de compatriotas menos dotados que él para la creación. A mediados de 1988 y sin que mediara razón alguna —al menos, razones que pudiera entender el buen sentido—, intelectuales que hasta entonces habían hecho ostentación de pluralidad le descerrajaron una feroz artillería de ataques que cuestionaban su mexicanidad, la pertinencia de su lenguaje y el conocimiento del país al que pertenecía. Fuentes se encogió de hombros y no respondió a los ladridos. Hizo más aun: les restó importancia, lo que enardeció a sus detractores.

Desde entonces ha redoblado su entrega a la escritura. En 1991 emprendió en su novela *La campaña* una formidable exploración del siglo XIX —que puede también leerse, igual que *Terra Nostra* y *Cristóbal Nonato,* como una interrogación a las claves del milenio naciente—; en abril de 1993 dio a conocer los relatos de *El naranjo o los círculos del tiempo,* en los que juega diestramente con los puntos de vista y los pronombres personales. Mientras se escribían estas líneas, Fuentes completaba en su casa de San Jerónimo, México, o en la de Londres, o tal vez en los aviones que lo llevan de una a la otra, los cuentos de *La frontera de cristal,* cuyas historias suceden en la frágil línea que separa a México de Estados Unidos, a la vez que corregía las pruebas de su novela *La novia muerta.* Siempre hay uno o dos libros de él asomándose en el horizonte, por lo que hay inquinas o elogios capaces de darle alcance.

Conocí a Carlos Fuentes en Buenos Aires, cuando él volvía del Congreso de Intelectuales organizado por la Universidad de Concepción, en Chile, donde había deslumbrado a todo el mundo. Lo recuerdo de pie en un frágil balcón, en el séptimo piso de un departamento elegante, a la caída de la tarde, admirando las espaldas de una mujer espléndida que escuchaba, extasiada, una peroración de Ernesto Sábato sobre la decadencia de la novela francesa. Junto a Fuentes estábamos —mientras el balcón parecía todo el tiempo a punto de desmoronarse— Augusto Roa Bastos, Enrique Pezzoni, José Bianco y yo mismo, sin abrir la boca. Fue la primera vez que le oí hablar de un proyecto de varias novelas sobre dictadores, compuestas por los jóvenes recién llegados a la literatura latinoamericana, cuyo irónico título común debía ser *Los padres de la patria*. Allí mismo trató de convencer a Roa Bastos para que se hiciera cargo del volumen dedicado al doctor Francia y a Bianco para que se ocupara de Rosas o de Perón. Bianco contestó, con aterrada cortesía, que la novela histórica no le interesaba pero que de todos modos iba a pensarlo. Roa estaba metido de narices en los libretos de cine con los que se ganaba la vida y la idea de *Yo el Supremo,* que ni siquiera le rondaba por la cabeza, brotó tal vez de aquella inesperada invitación. Fuentes reclutaba adictos por todas partes: en Chile había convencido (o al menos así lo creía) a Jorge Edwards para que escribiera sobre Balmaceda y a José Donoso para que se ocupara de Melgarejo. Él mismo hablaba con fruición de la enorme novela que pensaba consagrar al dictador Antonio López de Santa Anna, héroe de Tampico y de El Álamo, quien había enterrado con increíble pompa, hacia 1838, la pierna perdida mientras disparaba sus cañones contra la flota francesa en Veracruz.

En un continente provinciano, que canonizaba el

regionalismo y abjuraba de las invenciones milimétricas de Borges, a la vez que ignoraba (o simulaba ignorar) la voz en sordina de Rulfo, las pesadillas de Felisberto Hernández y el barroquismo elegante de Alejo Carpentier, Fuentes fue el primero que se propuso imponer a la narrativa latinoamericana la conciencia de que era única, universal, libre de falsas tradiciones telúricas y de fantasmas campesinos; el primero que la salvó de su secular complejo de inferioridad y la forzó a respirar el aún temible oxígeno del mundo. A él, más que a ningún otro, se debe la idea de que el lenguaje común y la naciente fe común en América Latina podían convertir al continente en el laboratorio de un mundo mejor.

Cuando Fuentes llegó a Buenos Aires en 1962, ya sus dos primeras novelas, *La región más transparente* y *Las buenas conciencias* eran el santo y seña de los aspirantes a narradores que tenían, como yo, poco más de veinte años. Nos deslumbraba su destreza para abarcar, de una sola ojeada, el lenguaje y los tics de todas las clases sociales mexicanas; la avidez, la mezquindad, los rencores de aquellos hijos de nadie que corrían en pos de la riqueza. Para los argentinos, que llevábamos décadas oyendo hablar, con supremo engolamiento, de las esencias "invisibles" de la nacionalidad, y que nos habíamos pasado los últimos años discutiendo, con toda seriedad, si escribir no era un modo de conjurar el terror que nos imponía "el silencio de Dios", las implacables reflexiones sobre "lo mexicano" que Fuentes ponía en boca de sus personajes, como quien no quiere la cosa, vertían sobre nosotros una naturalidad y un aire fresco con el que lavábamos el almidón de nuestros próceres literarios. Recuerdo la marca de fuego que nos había dejado en la imaginación la divisa de Ixca Cienfuegos, uno de los inolvidables personajes de *La región más transparente:* "Sé tú mismo, con todas las condiciones de tu vida", y también el entusiasmo con que se la repetí a Fuentes aquella tarde, en el balcón de Buenos Aires.

Volví a encontrarlo muchas otras veces en los años que siguieron, tanto en su casa de Hampstead, Londres, como en la que le alquiló al novelista James Jones en la isla de Saint-Louis, París; durante el festival de Cannes de 1975 y en la embajada de México ante el gobierno de Francia; en nuestras propias casas vecinas de Washington, durante las semanas en que ambos coincidimos como *fellows* del Wilson Center, y hasta en algún desayuno en el hotel Carlyle de Nueva York, mientras él corregía las pruebas de la edición norteamericana de *Cristóbal Nonato.* Y cada vez me dio la impresión de que vivía en incesante alerta, sin bajar la guardia de su inteligencia, como si temiera que las molicies e inercias de la vida pudieran infiltrársele en la obra.

Cada nuevo libro de Fuentes es una sorprendente aventura verbal, en la que todo se pone a prueba: desde la estructura del relato hasta el incesante hacerse y deshacerse de los personajes. Esa búsqueda sin tregua lo ha llevado a defender otros osados experimentos narrativos como si en ello le fuera la vida, ya sea en la obra de Milan Kundera o en la de Julian Barnes como en la de García Márquez o la de Salman Rushdie. Esa pequeña comunidad internacional de revolucionarios del relato ha terminado por ser, también, una comunidad que está enseñándole al mundo a imaginarse y a leerse de otro modo. Y la increíble respuesta no es ya el interés, el respeto, la adicción o la indiferencia que siempre se ha dispensado a los escritores. En este caso hay también devoción.

Fuentes es, por un lado, un personaje seductor, hacia quien —donde quiera esté, y con frecuencia muy a su pesar— apuntan los reflectores de la fama y de la moda, y por el otro un novelista disciplinado, extremadamente laborioso, que jamás ha querido hacer concesiones a la comodidad del lector o a las exigencias del mercado. Narrador refinado, casi de culto (como en los años cincuenta lo fue Julio Cortázar y en los años cuarenta Jorge Luis Borges), él mismo definió en una de sus obras, *Cristóbal Nonato,* el abismo que media entre el convencional "lector" y el "elector" inteligente. Aunque sus ficciones venden miles de ejemplares —y aun algunas de las más complejas, como *La muerte de Artemio Cruz* o *Terra Nostra,* llegan a varios cientos de miles—, leer a Fuentes es una ceremonia de encantamiento privado en la que "hay que dejarse caer hasta el fondo de la obra", como le hacía decir a Ixca Cienfuegos. El influjo ejercido por la obra de Fuentes tiene que ver no sólo con la radiante fascinación de su escritura y la imponencia de sus temas —que tocan hasta el más ínfimo resquicio de la condición humana— sino también con la nobleza de sus ideas. En las sorprendentes nervaduras que van uniendo una ficción de Fuentes con otra, se observa siempre la misma voluntad por desenmascarar la hipocresía, comprender y aceptar la infinita diversidad de la especie, poner en evidencia las irrisiones de los dogmas y de los prejuicios.

En pocos recodos de su obra ese credo aparece con tanta vitalidad como en los discursos que pronunció en Alcalá de Henares al concedérsele el premio Cervantes 1987, en la sede de la UNESCO, en París, cuando empezaron las conmemoraciones del Quinto Centenario, y durante el Coloquio de Invierno organizado en México a principios del año 1992. Son los textos que recoge este libro.

La alocución del Cervantes rescata algunas de las ideas a las que Fuentes no ha cesado de ser leal desde que se las oí por primera vez, en el mítico balcón de Buenos Aires que crujía sobre el abismo de un séptimo piso: las que definen a la novela como un género inseguro, contaminado, en perpetua situación de búsqueda, y a sus artífices como seres insumisos, incómodos, a los que el poder oirá siempre con temor y desconfianza. El discurso es también un llamamiento a la unidad de las Españas dispersas, a un lado y otro del océano, y a la aceptación de una identidad cristalizada por la historia y por la lengua.

La identidad es el otro conflicto que desvela a Fuentes, como bien lo atestiguan todas sus ficciones, desde "Chac Mool", el cuento que escribió cuando tenía veinte años, hasta *La campaña,* última de sus novelas publicadas. ¿Quiénes somos? ¿Cómo nombrar lo que vemos y lo que sentimos? Y, sobre todo, ¿cuál es nuestra lengua verdadera: la del conquistador o la de los conquistados? Una literatura construida sobre la duda, sobre el conflicto irresuelto, sobre el deseo; una literatura hecha de hervores, ráfagas de viento, géiseres, donde lo único permanente es el pasado del que fuimos vaciados y el futuro que estamos ya en condiciones de domesticar, aunque aún no sepamos cómo. Esos desgarramientos, que reaparecen en el texto del Quinto Centenario, son los mismos de *Cambio de piel* y *Terra Nostra,* de *Cristóbal Nonato* y *El naranjo:* signos de una realidad en la que todo está puesto en tela de juicio y las verdades no son afirmaciones sino preguntas.

Aunque Fuentes haya negado, una y otra vez, los dones de profecía que se atribuyen a sus novelas —sobre todo a dos de las más extensas, *Terra Nostra* y *Cristóbal Nonato*—, y prefiera decir que quien asume el riesgo de imaginar puede, a veces, *crear* involuntariamente un cierto futuro, su enorme talento de observador para vislumbrar los horizontes de la pasión humana, convierte sus conjeturas literarias en adivinaciones certeras de lo que está por venir.

El planeta en estado de hervor milenarista que exhibía sus llagas en las últimas páginas de *Terra Nostra* aparece sometido a examen en el discurso del Coloquio de Invierno. Los temores del pasado están regresando—advierte Fuentes—: los ídolos de las tribus, el fanatismo, la supresión de la crítica. Al mismo tiempo, sin embargo, la sociedad civil se expresa "de abajo arriba y de la periferia al centro", algo inédito en países donde las cosas sucedían a la inversa. El mundo se ha tornado peligroso —confirma Fuentes—, pero América Latina, por el hecho mismo de que su identidad ha sido construida sobre la diversidad, está destinada a ser la mediadora ejemplar entre "economía global y nacionalismo resurrectos, separatismos y balcanizaciones políticas, multipolaridad y unipolaridad, Norte contra Sur". Dado que América Latina no tiene una uniformidad racial que proteger ni tradiciones imperiales que preservar; puesto que su riqueza básica es la imaginación, y su destreza mayor la libertad para usarla, el continente está en condiciones de aportar las ideas que hacen falta para engendrar un mundo donde la libertad no esté reñida con la justicia. Parecería utópico atribuir ese papel transformador a comunidades aún empobrecidas, afligidas por dictaduras y agobiadas por índices alarmantes de analfabetismo y de mortalidad infantil. Y sin embargo, América Latina es el lugar mejor preparado para conferir un nuevo sentido a los ciclones de la historia.

En un fin de siglo donde los intelectuales se jactan de su cinismo y suponen que las tragedias de la condición humana deben abandonarse a los predicadores, Fuentes es de las pocas grandes voces que siguen creyendo en el poder liberador de la imaginación y de la cultura. Cada uno de sus libros es un acto de fe en el hombre, una deslumbradora piedra en la interminable edificación del mundo. Por eso no dejará de ser oído ni leído: porque desde el comienzo de los tiempos, la especie no ha sabido vivir en paz sin que un virtuoso le cuente historias en las que todo vuelve a comenzar.

TOMÁS ELOY MARTÍNEZ

NOTA DEL AUTOR

Cuando, muy joven, estudiaba las Humanidades en Chile y la Preparatoria en México, recuerdo que nuestros profesores, con el universalmente aceptado breviario de Mallet e Isaac en la mano, constantemente nos preguntaban a los muchachos, chilenos o mexicanos, que entonces seguíamos las categorías de las épocas clasificadas por los franceses:

—¿Cuándo termina la Edad Media y comienza la Edad Moderna?

Más que contestar, yo recordaba una astracanada española en la que un caballero armado desenfunda su espada y proclama ante su estupefacta familia: "¡Parto a la Guerra de Treinta Años!"

¿Empezó la Edad Moderna con la caída de Constantinopla en manos de los turcos en 1453, con el descubrimiento de América en 1492, o con la publicación de *Las revoluciones de las esferas* de Copérnico en 1543? Dar una sola respuesta equivale a exclamar que partimos a la Guerra de Treinta Años. Por lo menos desde Vico, sabemos que el pasado está presente en nosotros porque somos los portadores de una cultura hecha y mantenida por nosotros hoy mismo.

Pero, obligado a escoger en la materia, siempre he respondido que, para mí, el mundo moderno empieza cuando Don Quijote de la Mancha sale de su aldea al mundo, y descubre que el mundo no se parece a sus lecturas. Claramente, Don Quijote abandona una arquitectura cerrada de correspondencias exactas entre lo escrito y lo real, e ingresa a un campo abierto de divorcio constante entre lo que se escribe y lo que se vive. Deja atrás una perspectiva, como la define Umberto Eco, "sustancialmente unitaria y jerarquizada" con la que "el hombre de la Edad Media da la cara al mundo". Un orden unitario, en el que cada cosa tiene (y conoce) su lugar, cede ante un orden pluralista, en el que cada cosa desconoce, pero busca, el suyo.

El discurso sobre Don Quijote que pronuncié al recibir en 1988 el Premio Cervantes de manos de S. M. Don Juan Carlos I es por esto no sólo un discurso sobre Cervantes, su obra y su tiempo, sino sobre nosotros, nuestra obra y nuestro tiempo. Paso de una época a otra: el fin de la guerra fría, la desaparición del orden bipolar que nos rigió durante cincuenta años, la caída de las ideologías que nos sujetaban a dos opciones estrechas, sacrificando la variedad de las culturas del mundo y sometiéndolas a dos lecturas dogmáticas y cerradas de la realidad: todo esto ha cedido su lugar a un mundo multiforme, de muchos centros posibles, de diversas culturas largo tiempo latentes, olvidadas, reprimidas, que hoy se manifiestan, muchas veces, de manera caótica, violenta, como cegadas por la luz solar después de mucho tiempo de vivir en un sótano opresivo y húmedo.

Sin embargo, este mundo proliferante, local, portador de terribles cargas irresueltas, a menudo anacrónicas, pero muchas veces, también, aurorales, se inserta en, o enfrenta a, un sistema mundial de integración económica, a un vasto movimiento de ideas, información y tecnología. Es el llamado mundo de la "aldea global". Existe en contradicción con el mundo de la "aldea local". Pero estas dos aldeas no existen en situación de aislamiento respectivo, sino en proceso de enfrentamiento creciente, no sólo por la contradicción entre una globalización que apunta enérgicamente al futuro y una localización que se aferra violentamente al pasado, sino, sobre todo, por la veloz irrupción por la vía de la migración, de la aldea local en la aldea global.

Jacques Attali contrasta los "nómadas veloces", que portan consigo sus señas de identidad (fax, computadora, jet) a los "nómadas lentos" que, como digo en uno de estos discursos, caminan con sandalias y montan burros o camellos. Provenientes de las antiguas periferias del Occidente, estos excéntricos —latinoamericanos en Estados Unidos, norafricanos en Francia y España, turcos en Alemania, y ahora una vasta oleada del este al oeste de Europa— introducen no sólo un contraste sino, acaso, una contradicción diaria en el funcionamiento suave y eficaz de una maquinaria de integración que Robert Reich define como "la red global", excluyente de particularidades nacionales. La economía global lo es de valor máximo, no de máximo volumen, y los hilos que la componen se llaman ordenadores, faxes, satélites, monitores de alta resolución y modemas. Son hilos invisibles: "Buena parte de la información y el dinero, y muchos productos y servicios, se transforman fácilmente en *blips* electrónicos que se mueven en la atmósfera a la velocidad de la luz" (Reich, *The Work of Nations).*

¿Qué posición ocupan entonces las culturas, los anhelos, las memorias de los hombres y mujeres concretos en este aparato altamente integrado, eficaz y despersonalizado? ¿Es la aldea global un monstruo abstracto, impenetrable, un gigante que mueve las astas y se hace pasar por molino? ¿O son los habitantes de la aldea local los fantasmas en la maquinaria perfectamente lubricada de la aldea global? ¿Quién es el fantasma de quién? ¿Quién el gigante Goliat, quién el diminuto David?

Parto, pues, de Don Quijote para llegar a estas preguntas. En nuestro mundo transitivo, igual que en el suyo, muchas cosas están cambiando; muchas, en cambio, van a sobrevivir. Don Quijote ilustra nuestro dilema actual, la ruptura de un mundo basado en la analogía y abruptamente envuelto en una tormenta de diferencias. Su desafío es el nuestro: ¿Cómo aceptar la diversidad y mutación del mundo sin perder la capacidad mental para la unidad y la analogía?

Don Quijote nos dice que ser moderno no es asunto de sacrificar el pasado en favor de la novedad, sino de mantener, comparar y recordar los valores que nosotros mismos hemos creado, haciéndolos modernos a fin de no perder el valor de lo moderno al vaciarlo de memoria.

Gracias a Cervantes y su héroe de papel podemos darles su valor real a la tradición y a la renovación que se apoya en ella y la enriquece, a fin de que la creación contemporánea no carezca de sentido. Demasiadas contradicciones nos aquejan: entre la economía mundial integrada y las balcanizaciones políticas que han seguido a la desintegración del imperio soviético; entre la misma integración —la red global de Reich— y la guerra entre bloques comerciales rivales; entre el fin del comunismo y la resurrección del fascismo; entre el supuesto triunfo del capitalismo y la persistencia de problemas sociales profundos en las economías capitalistas, desarrolladas o en desarrollo; y entre el Norte y el Sur.

Por encima de todo, lo que se nota es una divergencia creciente entre instituciones creadas al calor de la guerra fría (pues en este refrigerador habitaban ardientes guerreros) y una nueva agenda, inédita, más ancha que todas las ideologías, y que incluye, precisamente, los grandes temas de las migraciones, el deterioro de las civilizaciones urbanas, la condición de la mujer y del anciano, las nuevas epidemias del fin de siglo, los valores de la educación, los desafíos de la droga, la violencia, el crimen... Con razón, en su espléndida participación en el Coloquio de Invierno, Eric Hobsbawm notó que: "Nunca antes la vida humana y las sociedades en las que se desenvuelve han sido transformadas tan radicalmente en un periodo tan breve." Los cartógrafos, añade, no pueden preparar nuevos atlas sin temor de resultar obsoletos en cuestión de meses.

La agenda es nueva; las instituciones, arcaicas; el vacío, peligroso. Una cosa es cierta: la naturaleza y la política aborrecen los vacíos y los llenan de una u otra manera. Nuestra obligación intelectual, ciudadana, es pugnar por que se llenen de manera humana, democrática e imaginativa. Por eso, entre el discurso de la memoria en la·aldea local y el discurso del deseo en la aldea global, coloco el discurso del Nuevo Mundo americano y la celebración de la cultura ininterrumpida que en él hemos hecho los descendientes de indios, europeos y africanos en el hemisferio occidental.

Nuestros errores y fracasos políticos y económicos contrastan con los aciertos ininterrumpidos de nuestra creatividad. En el choque entre ambos se dan cita muchos de los problemas que hoy nos preocupan: violencia histórica, migraciones, sincretismos religiosos, mestizajes, contradicciones entre el país legal y el país real, apelación barroca para llenar los vacíos y, al cabo, integración de la sociedad y su cultura, aunque no de la sociedad y sus instituciones políticas o económicas.

El desafío indoafroiberoamericano es el de crear una política y una economía que, como la cultura, correspondan, en vez de negarla, a la sociedad civil. Seguramente tenemos algo que decirle al mundo actual en este sentido. No hay separatismos o balcanizaciones visibles en el cuerpo latinoamericano, ni racismos que nos amenacen con holocaustos nugatorios de nuestra humanidad. Sí hay en América Latina injusticia, opresión y hambre, colindante, a veces, con el desprecio racial o la división política. Pero las grandes directrices de nuestra evolución mestiza van en contra de esas negaciones y nos ofrecen la posibilidad de superarlas. Mientras más y mejor entendamos y aceptemos nuestra pluralidad racial y cultural india, negra, europea, ibérica, mediterránea, celta, griega, romana, árabe, judía, mestiza en todos los órdenes, mejor preparados estaremos para dirigirnos a las dos aldeas que habitamos: la global donde vivirán nuestros hijos y la local donde murieron nuestros padres.

Tres discursos para dos aldeas: tres espacios que me han dado, privilegiadamente, la palabra: la Universidad de Alcalá de Henares, la sede de la UNESCO en París, y la Universidad Nacional Autónoma de México. Dedico estos tres discursos a tres hombres, tres amigos, que en cada ocasión han encarnado lo mejor de mis propias palabras en sus acciones. Javier Solana, el hombre de Estado español, el político socialista que era ministro de Educación y hoy lo es de Asuntos Exteriores en una Europa que deberá dedicar sus mejores esfuerzos a evitar nuevas discriminaciones, nuevos genocidios que denigrarían su humanidad y la nuestra. Federico Mayor, el director general de la UNESCO, hombre de ciencia que ha puesto un empeño colosal en superar el divorcio más lamentable de nuestro tiempo: la separación entre progreso científico y retraso moral y político. Y Bernardo Sepúlveda, antiguo secretario de Relaciones Exteriores de México, quien con voluntad e inteligencia superiores impulsó la causa de la paz y la negociación en Centroamérica, defendiendo no sólo a los países centroamericanos, sino a México, de un desbordamiento belicista animado por los malos gobernantes de Estados Unidos en la década de los ochenta. Sin el derecho y la diplomacia —nuestros escudos— se verían sumamente amenazados los valores que trato de evocar en estos tres discursos.

Monterrey, Nuevo León, 21 de abril de 1993.

I. MI PATRIA ES EL IDIOMA ESPAÑOL*

A Javier Solana

MAJESTADES:

Si este galardón —que tanto me honra y tanto aprecio— es considerado el premio de premios para un escritor de nuestra lengua, ello se debe a que, como ningún otro, es un premio compartido.

Yo comparto el premio Cervantes, en primer lugar, con mi patria, México; patria de mi sangre pero también de mi imaginación, a menudo conflictiva, a menudo contradictoria, pero siempre apasionada, con la tierra de mis padres. México es mi herencia, pero no mi indiferencia; la cultura que nos da sentido y continuidad a los mexicanos es algo que yo he querido merecer todos los días, en tensión y no en reposo. Mi primer pasaporte —el de ciudadano de México— he debido ganarlo, no con el pesimismo del silencio sino con el optimismo de la crítica. No he tenido más armas para hacerlo que las del escritor: la imaginación y el lenguaje.

Son éstos los sellos de mi segundo pasaporte, el que me lleva a compartir este premio con los escri-

* Palabras pronunciadas con motivo de la entrega del Premio Miguel de Cervantes 1987, en la Universidad de Alcalá de Henares, el 21 de abril de 1988, de manos de S. M. Juan Carlos I de España.

tores que piensan y escriben en español. La cultura literaria de mi país es incomprensible fuera del universo lingüístico que nos une a peruanos y venezolanos, argentinos y puertorriqueños, españoles y mexicanos. Puede discutirse el grado en el que un conjunto de tradiciones religiosas, morales y eróticas, o de situaciones políticas, económicas y sociales, nos unen o nos separan; pero el terreno común de nuestros encuentros y desencuentros, la ligazón más fuerte de nuestra comunidad probable, es la lengua —el instrumento, dijo una vez William Butler Yeats, de nuestro debate con los demás, que es retórica, pero también del debate con nosotros mismos, que es poesía—.

Debate con los demás, debate con nosotros mismos. Nos disponemos a celebrar, dentro de cuatro años, los cinco siglos de una fecha inquietante: 1492. Vamos a discutir mucho sobre la manera misma de nombrarla. ¿Descubrimiento, como señalan las costumbres, o encuentro, como concede el compromiso? ¿Invención de América, como sugiere el historiador mexicano Edmundo O'Gorman? ¿Deseo de América, como anheló el Renacimiento europeo, hambriento de dos objetivos incompatibles: utopía y espacio? ¿O imaginación de América, como han dicho sus escritores de todos los tiempos, desde Bernal Díaz del Castillo a sor Juana Inés de la Cruz o a Gabriel García Márquez?

Los cinco siglos que van desde aquel 92 a éste se inician, también, con la publicación de la primera gramática de la lengua castellana, de Antonio de Nebrija. Y aunque Nebrija designa a la lengua como acompañante del imperio, hoy reconocemos la otra vertiente de la celebración, y ésta es la crítica. La lengua de la conquista fue también la de la contraconquista, y sin la lengua de la colonia no existiría la lengua de la independencia.

Hablo de un idioma compartido, con mi patria, con mi cultura y con sus escritores. Quiero ir más lejos, sin embargo; esta lengua nuestra se está convirtiendo, cada vez más, en una lengua universal, hablada, leída, cantada, pensada y soñada por un número creciente de personas: casi 350 millones, lo que la convierte en el cuarto grupo lingüístico del mundo. Los hispanoparlantes de Estados Unidos transformarán a ese gran país en la segunda nación de habla española del mundo, apenas rebasado el año 2000.

Esto significa que en el siglo que se avecina la lengua castellana será el idioma preponderante de las tres Américas: la del Sur, la del Centro y la del Norte. La famosa pregunta de Rubén Darío —¿tantos millones hablarán ingles?— será al fin contestada: No, hablarán español.

Nuestra imaginación política, moral, económica, tiene que estar a la altura de nuestra imaginación verbal.

Esta lengua nuestra, de asombros y descubrimientos recíprocos, de celebración pero también de crítica, lengua mutante que un día es la de san Juan de la Cruz y al siguiente la de fray Gerundio de Campazas y al que sigue lengua fénix, vuela en alas de Clarín; esta lengua nuestra, mil veces declarada —prematuramente— muerta antes de renacer para siempre con Rubén Darío en una constelación de correspondencias transatlánticas, todo ello porque ha sido espejo de insuficiencias, pero también agua del deseo, hielo de triunfos y cristal de dudas, roca de la cultura, permanente, continua, en medio de las borrascas que se han llevado a la deriva tantas islas políticas; vidrio frágil la lengua nuestra, pero ventana amplia también, gracias a los cuales tenemos refugio y compensación, así como visión y conciencia, de los tiempos inclementes.

La lengua imperial de Nebrija se ha convertido en algo mejor: la lengua universal de Jorge Luis Borges y Pablo Neruda, de Julio Cortázar y Octavio Paz. La literatura de origen hispánico ha encontrado un pasaporte mundial y, traducida a lenguas extranjeras, cuenta con un número cada vez mayor de lectores.

¿Por qué ha sucedido esto? No por un simple factor numérico, sino porque el mundo hispánico, en virtud de sus contradicciones mismas, en función de sus conflictos irresueltos, en aras de sus ardientes compromisos entre la realidad y el deseo, y a la luz de la memoria colectiva de nuestra historia, que es la historia de nuestras culturas, plurales de nuestro lado del Atlántico —europeos, indios, negros y mestizos— pero de este lado también —cristianos, árabes y judíos—, ha podido mantener vigente todo un repertorio humano a menudo olvidado, y con demasiada facilidad, por la modernidad triunfalista, que entre aquel 92 y éste ha protagonizado la historia visible de la humanidad.

Hoy que esa modernidad y sus promesas han entrado en crisis, miramos en torno nuestro, buscando las reservas invisibles de humanidad que nos permitan renovarnos sin negarnos, y encontramos en la comunidad de la lengua y de la imaginación española dos surtidores que no se agotan.

Mas apenas intentamos ubicar el punto de convergencia entre el mundo de la imaginación y la lengua hispanoamericana y el universo de la imaginación y el lenguaje de la vida contemporánea, nos vemos obligados a detenernos, una y otra vez, en la misma obra y el mismo *autor,* ocupando el mismo territorio *verbal;* provincia de la palabra, ínsula del *deseo.*

La provincia —acá abajo, con Rocinante— es La Mancha. La ínsula —allá arriba, con Clavileño— es la literatura. El autor es Cervantes, la obra es el *Quijote* y la paradoja es que de la España postridentina surgen el lenguaje y la imaginación críticos fundadores de la modernidad que la Contrarreforma rechaza.

Daniel Defoe escribe el *Robinson Crusoe* con el tiempo de una modernidad consonante. Miguel de Cervantes escribe el *Quijote* a *contratiempo,* desautorizado por la historia inmediata, respondiendo no tanto a lo que está allí sino a lo que hace falta, potenciando la imaginación para hablarnos menos de lo que vemos que de lo que no vemos, de lo que ignoramos más de lo que ya sabemos.

Unamuno ve las caras de Robinson y Quijote. En la del inglés, reconoce a un hombre que crea una civilización en una isla. En la del español, a un hombre que sale a cambiar el mundo en el que vive. Esto está, pero también algo más: la tradición de Robinson será la de la seguridad, la coincidencia con el espíritu del tiempo, incluyendo una coincidencia con la crítica del tiempo, pero, a veces, también la arrogancia de nombrarse protagonista del mismo. La poética de Robinson será la de la narrativa lineal, realista, lógica, futurizante, poblada por seres de carne y hueso, definidos por la experiencia: Robinson y sus descendientes leen el mundo.

Quijote y los suyos son leídos por el mundo, y lo saben. La tradición *quijotesca* no disfraza su génesis ficticia; la celebra. Sus personajes no son entes psicológicos, sino figuras reflexivas; no el producto de la experiencia, sino de la inexperiencia. No les importa lo que saben sino lo que ignoran: lo que aún no saben. No se toman en serio; admiten que su realidad es una mentira. Pero esa maravillosa mentira, la novela, salva, nos dice Dostoievski hablando de Cervantes, a la verdad.

La poética de La Mancha y su descendencia numerosa, que un día antes que yo evocó aquí mismo el gran novelista cubano Alejo Carpentier, incluyen a los hijos de Don Quijote, el Tristram Shandy de Sterne, contemplando su propia gestación novelesca, y el fatalista de Diderot, Jacques, ofreciéndole al lector repertorios infinitos de probabilidades; a sus nietas, la Catherine Moorland de Jane Austen y la Emma Bovary de Gustave Flaubert, que también creen todo lo que leen; a sus sobrinos, el Mishkin de Dostoievski, el Micawber de Dickens y el Nazarín de Pérez Galdós, a todos aquellos que escogen la difícil alternativa de la bondad y por ello sufren agonía y ridículo. Y si todos ellos son descendientes de Don Quijote lo son, acaso, también de san Pablo, pues la locura de Dios es más sabia, dice el santo, que toda la sabiduría de los hombres.

La locura de Don Quijote y su descendencia es una santa locura: es la locura de la lectura. Su biblioteca de libros de caballería es su refugio inicial, la protección de su supuesta locura, que consiste en dar fe de la lectura. Pero esta convicción entraña el deber de actualizar sus lecturas.

Don Quijote sale a probar la existencia de una edad pasada, cuando el mundo era igual a sus palabras. Se encuentra con una edad presente, empeñada en separarlo todo. Sale a probar la existencia de los héroes escritos: los paladines y caballeros andantes del pasado. Encuentra su propia contemporaneidad en un hecho para él irrefutable: como sus héroes, Don Quijote también ha sido escrito.

Quijote y Sancho son los primeros personajes literarios que se saben escritos mientras viven las aventuras que están siendo escritas sobre ellos. Colón en la tierra nueva, Copérnico en los nuevos cielos, no operan una revolución más asombrosa que ésta de Don Quijote al saberse escrito, personaje del libro titulado *El ingenioso hidalgo Don Quijote de la Mancha.*

La información moderna, el privilegio pero también la carga de la mirada plural, nacen en el momento en que Sancho le dice a Don Quijote lo que el bachiller Sansón Carrasco le dijo a Sancho: estamos siendo escritos. Estamos siendo leídos. Estamos siendo vistos. Carecemos de impunidad, pero también de soledad. Nos rodea la mirada del otro. Somos un proyecto del otro. No hemos terminado nuestra aventura. No la terminaremos mientras seamos objeto de la lectura, de la imaginación, acaso del deseo de los demás. No moriremos —Quijote, Sancho— mientras exista un lector que abra nuestro libro.

Paso definitivo de la tradición oral a la tradición impresa, Don Quijote, culminando prodigiosamente su novedad novelesca, es el primer personaje literario, también, que entra a una imprenta para verse a sí mismo en proceso de producción. Ello ocurre, naturalmente, en Barcelona.

El precio de esta aventura de Don Quijote, su pasaporte entre dos tiempos de la cultura, es la inestabilidad. Inestabilidad de la memoria: Don Quijote surge de una oscura aldea, tan oscura que su aún más oscuro —su incierto— autor ni siquiera recuerda, o no quiere recordar, el nombre del lugar. Don Quijote inaugura la memoria moderna con la ironía del olvido. Todos sabían dónde estaba Troya y quién era Aquiles. Nadie sabrá quién es K, el agrimensor de Kafka, o dónde está El Castillo, dónde está Praga, dónde está la historia.

Inestabilidad, en segundo lugar, de la autoría: ¿quién es el autor del *Quijote?* ¿Un tal Cervantes, más versado en desdichas que en versos, o un tal De Saavedra, evocado con admiración por los hechos que cumplió, y todos por alcanzar la libertad? ¿El historiador arábigo Cide Hamete Benengeli, cuyos papeles son vertidos al castellano por un anónimo traductor morisco, y que serán objeto de la versión apócrifa de Avellaneda? ¿Pierre Ménard, autor del *Quijote?* ¿Jorge Luis Borges, autor de *Pierre Ménard* y en consecuencia...?

Inestabilidad del nombre, en tercer lugar. "Don Quijote" es sólo uno de los nombres de Alonso Quijano, que quizás es Quixada o Quesada y que, apenas incursiona en el género pastoral, se convierte en Quijotiz; apenas ingresa en la intriga de la corte de los duques, se convierte en el Don Azote de la princesa Micomicona. Cambian de nombres sus amantes —Dulcinea es Aldonza—, sus yeguas —Rocín antes—, sus enemigos —Mambrino se convierte en Malandrino— y hasta sus infinitos autores: Benengeli se nos transforma en Berenjena.

Memoria inestable, autoría y nominación inestables: búsqueda, en consecuencia, del género mismo, del visado que nos diga: soy literatura, soy novela. Pero esto tampoco escapa a la inseguridad. Inaugurando la novela moderna, Cervantes nos dice: éste es el género de todos los géneros y la contaminación de todos ellos, de todo cuanto esta novela, *Don Quijote,* abarca: picaresca y épica, pastoril y amorosa, novela morisca y novela bizantina, interpolada e interrumpida: indefinición de las categorías perfectas y cerradas; conflicto y contagio perpetuo del lenguaje.

Radicalmente moderno, Cervantes nos dice desde el siglo XVII: recuerden, podemos olvidar; miren, no sabemos quiénes somos; escuchen, ya no nos entendemos.

Si el tiempo de la Contrarreforma, que es el suyo, le pide unidad de lenguaje, Cervantes le devuelve multiplicidad de lenguajes; si quiere fe, le devuelve dudas. Pero si la modernidad exige, por su lado, la duda constante, Cervantes, más moderno que la modernidad, le devuelve la fe en la justicia y el amor, y le exige el mínimo de unidad que nos permita comprender la diversidad misma.

Cervantes nos dice que no hay presente vivo con un pasado muerto. Leyéndolo, nosotros, hombres y mujeres de hoy, entendemos que creamos la historia y que es nuestro deber mantenerla. Sin nuestra memoria, que es el verdadero nombre del porvenir, no tenemos un presente vivo: un hoy y un aquí nuestro, donde el pasado y el futuro, verdaderamente, encarnan.

Mirada extraordinaria del discípulo de Alcalá de Henares sobre su mundo y el nuestro; la suya es la más ancha de las modernidades. Contratiempo, sí, y paradoja que acaso no lo sea tanto: novela permanente, origen del género pero también destino del mismo, el *Quijote* es nuestra novela y Cervantes es nuestro contemporáneo porque su estética de la inestabilidad es la de nuestro propio mundo.

A la crisis de entonces y de ahora Cervantes les indica el camino de una apertura que convierte la inseguridad en el motivo de una creación constante. Cervantes inventa la novela potencial, en conflicto y en diálogo consigo misma, que es hoy la novela de Italo Calvino, de Milan Kundera y de Juan Goytisolo: la invitación quijotesca es la invitación perpetua a salir de nosotros mismos y vernos —a nosotros y al mundo— como enigma, pero también como posibilidad incumplida. Para ganarse el derecho de criticar al mundo, la novela comienza por criticarse a sí misma: el interrogante de la obra produce la obra.

Pero si la poética de La Mancha es la del mundo contemporáneo, también es la del Nuevo Mundo americano. Desde la fundación, nosotros nos preguntamos, como el lector de Cervantes, quién es el autor del Nuevo Mundo? ¿Colón, que lo pisó primero, o Vespucio, que primero lo nombró? ¿Los dioses que huyeron, o el Dios que llegó? ¿Los anónimos artesanos mestizos de nuestras iglesias barrocas, o la afamada poeta barroca, obligada a guardar silencio por las autoridades?

¿Y dónde está el Mundo Nuevo? ¿En un lugar de Macondo, de cuyo nombre no quiero acordarme? ¿En un lugar en Comala, en un lugar de Canaima, en las alturas del Machu Picchu? ¿Existen realmente esos lugares, son ciertos sus nombres? ¿Qué quiere decir "América"? ¿A quién le pertenece ese nombre? ¿Qué quiere decir el "Nuevo Mundo"? ¿Cómo pudo transformarse la dulce Cuauhnáhuac azteca en la dura Cuernavaca española? ¿Cómo bautizar el río, la montaña, la selva, vistos por primera vez? Y sobre todo, ¿cómo nombrar el vasto anonimato humano —indio y criollo, mestizo y negro— de la cultura multirracial de las Américas?

Darles voz y nombre a quienes no los tienen: la aventura quijotesca aún no ha terminado en el Nuevo Mundo. Es preciso recordar que había una civilización del Nuevo Mundo antes de 1492 y que aunque la conquista propuso una nueva historia, los conquistados no renunciaron a la suya. El recuerdo ilumina el deseo, y ambos se reúnen en la imaginación: ¿quién es el autor del Nuevo Mundo?

Somos todos nosotros: todos los que lo imaginamos incesantemente porque sabemos que sin nuestra imaginación, América —el nombre genérico de los nuevos mundos— dejaría de existir.

A partir de la imaginación, los hispanoamericanos estamos intentando llenar todos los abismos de nuestra historia con ideas y con actos, con palabras y con organización mejores, a fin de crear, en el Nuevo Mundo hispánico, un mundo nuevo, una realidad mejor, en contra del capricho del más fuerte, que se sustenta en la fatalidad; a favor del diálogo y de la coexistencia, que se sustentan en la libertad, y otorgándole un valor específico al arte de nombrar y al arte de dar voz. Escritores, somos también ciudadanos, igualmente preocupados por el estado del arte y por el estado de la ciudad.

Portamos lo que somos en dirección de lo que queremos ser: voces en el coro de un mundo nuevo en el que cada cultura haga escuchar su palabra.

La nuestra se dice (y a veces hasta seduce) en español, y con ella queremos hablarle a un planeta que no puede limitarse a dos opciones, dos sistemas, dos ideologías, sino que pertenece a múltiples culturas humanas y a sus fecundas posibilidades, hasta ahora apenas expresadas.

Sin embargo, la velocidad de los avances tecnológicos, la creciente interdependencia económica y el carácter instantáneo de las comunicaciones forman parte de una dinámica global que no se detiene a preguntarle a nadie: oye, ¿ya decidiste cuál es tu identidad?

1992 es quizá nuestra última oportunidad de decirnos a nosotros mismos: esto somos y esto le daremos al mundo. Ejemplifico, no agoto: somos esta suma de experiencias, esta capacidad, para actualizar los valores del pasado a fin de que el porvenir no carezca de ellos, este sentimiento trágico de que ninguna receta ideológica asegura la felicidad, o puede, por sí misma, impedir la infelicidad, si no va acompañada de algo que nosotros, los hispánicos, conocemos de sobra: el poder del arte para compensar y completar la experiencia histórica, dándole sentido y convirtiendo la información en imaginación.

Es la lección de La Mancha: Cervantes. Es también la lección de Comala: Rulfo; y la de Santa María: Onetti.

No estamos solos y nos encaminamos hacia el mundo del siglo venidero con ustedes, los españoles, que son nuestra familia inmediata. Nos necesitamos. Pero también el mundo del futuro necesita a España y a la América española. Nuestra contribución es única; también es indispensable; no habrá concierto sin nosotros. Pero antes debe haber concierto entre nosotros. A España le concierne lo que ocurre en Hispanoamérica y en Hispanoamérica nos concierne lo que ocurre en España. El mundo nos necesitará también. Sólo imaginándonos los unos a los otros el mundo nos imaginará.

La celebración del Quinto Centenario será, dentro de este espíritu, un acto renovado de fe en la imaginación. Nos corresponde otra vez, de ambos lados del Atlántico, imaginar los mundos nuevos, pues no hay otra manera de descubrirlos.

Majestades:

Este honor excepcional con el que España distingue hoy a un ciudadano de México es parte de una tradición constante, que nos precede y nos prolongará: la relación de los escritores del Nuevo Mundo con la patria de Cervantes.

Quiero destacar un momento de esa relación, en el que España nos dio, a mí y a muchos mexicanos, lo mejor de sí misma.

Mi país le abrió los brazos a la España peregrina que en México encontró refugio para restañar las heridas de una guerra dolorosa. La emigración española compartió con nosotros algunos de los frutos más brillantes del arte, de la poesía, de la música, de la filosofía y del derecho modernos de España.

Muchos mexicanos somos lo que somos, y sin duda somos un poco mejores, porque nos acercamos a esos peregrinos y ellos nos ayudaron a ver mejor —Luis Buñuel—, a pensar mejor —José Gaos—, a oír mejor —Adolfo Salazar—, a escribir mejor —Emilio Prados, Luis Cernuda— y a concebir mejor la unión de la lengua y de la justicia, de las palabras y los hechos.

A nadie le debo más en este sentido que a mi viejo maestro, don Manuel Pedroso, antiguo rector de la Universidad de Sevilla, que para mi generación en la Universidad de México dio identidad española al estudio del derecho internacional, actualizando entre nosotros la tradición de Suárez y Vitoria, y preparándonos para decir y defender en el continente americano los principios del derecho de gentes: no intervención, autodeterminación, solución pacífica de controversias, convivencia de sistemas.

Estoy seguro de que a él le gustaría saber que lo recuerdo hoy, aquí, en otra gran universidad, la de Alcalá de Henares, y ante su presencia, señor, pues nadie como usted ha hecho tanto para cerrar las heridas históricas y devolvernos, íntegra y generosa, a nuestra España, y nadie más que Su Majestad la Reina, ha estado tan atenta al cultivo de la relación diaria, humana, gentilísima, entre nuestras dos patrias, España y México.

Gracias, entonces, por darle a mi pasaporte mexicano y manchego el sello de vuestra calidad espiritual.

Ahora abro el pasaporte y leo:

Profesión: escritor, es decir, escudero de Don Quijote.

Lengua: española, no lengua del imperio, sino lengua de la imaginación, del amor y de la justicia: lengua de Cervantes, lengua del *Quijote*.

Muchas gracias.

II. LOS PRÓXIMOS QUINIENTOS AÑOS COMIENZAN HOY*

A Federico Mayor

ESTAMOS tocando ya dos fechas en nuestros calendarios personales y colectivos que nos obligan a detenernos y a reflexionar sobre nuestro lugar en el tiempo y nuestro trabajo en la historia. Compartimos la primera con la humanidad. Nos acercamos a un nuevo siglo y a un nuevo milenio, dejando atrás una época de grandeza y servidumbre que llamamos el "siglo XX", aunque vivimos nuestro tiempo, como todos los tiempos, acompañado de sus múltiples pasados.

La segunda fecha de nuestro calendario contemporáneo es 1992.

Una fecha y un tema tan íntimamente nuestros que ni siquiera sabemos nombrarlos.

¿Descubrimiento de América, como nos enseñó una tradición etnocéntrica?

¿O encuentro de dos mundos, como nos propone una actualidad más generosa?

¿Invención de América según la fórmula de Pérez de Oliva ayer y de Edmundo O'Gorman hoy?

* Discurso pronunciado en la sede de la UNESCO, París, 14 de mayo de 1991.

¿Hazaña de la imaginación renacentista, como la ha llamado José Antonio Maravall?

La verdad es que todo descubrimiento, o todo encuentro, es mutuo, y si los europeos descubrieron a los indios, también es cierto que los indios descubrieron a los europeos y se preguntaron si estos hombres blancos y barbados eran tan misericordiosos como sus cruces lo proclamaban, o tan brutales como sus espadas lo demostraban.

La hazaña de Cristóbal Colón fue mayúscula. En contra de toda evidencia, apostó a favor de la hipótesis y ganó: si la tierra es redonda, se puede llegar a Oriente navegando hacia Occidente. 1492 expandió y unificó al planeta.

Pero Colón se equivocó en su geografía y no fue ésta la primera, ni la última, *des*-orientación occidental.

Creyéndose en Oriente, llamó a nuestras tierras Las Indias.

Pero al encontrarse con un territorio desprovisto de la riqueza asiática que esperaba, y deseoso de justificar su expedición, inventó en sus cartas a la reina católica gran abundancia de perlas, oro y bosques. Victor Ouimette, de la Universidad McGill en Montreal, sugiere que Colón salió menos a descubrir que a probar lo que ya sabía. De paso, fue el inventor de ese subgénero literario conocido como el "realismo mágico latinoamericano". Junto con la riqueza de la tierra, el Almirante exaltó la inteligencia y la mansedumbre de sus habitantes.

Pues más que oro, Colón, y detrás de él Pedro Mártir, Vaz de Caminha y Vespucio, que nos bautizó, ofrecieron al mundo la idea de América como edad de oro, sociedad libre, natural e incorrupta.

Enseguida negó Colón su propio paraíso recobrado, atacando a los hombres que un minuto antes había descrito como desnudos, desarmados y amistosos, dándoles cacería, esclavizándolos y a veces enviándolos encadenados a España.

El continente dorado se convirtió en el continente hostil, pero también en el continente vacío —vacío de historia, aunque, se esperaba, lleno de oro—.

Desde entonces, América ha vivido el divorcio entre el sueño y la realidad, la separación entre la buena sociedad que deseamos y la sociedad imperfecta en la que vivimos.

Nos sentimos obligados a mantener la idea de la Utopía americana, primero, para compensar a Europa de su propia contradicción entre los ideales humanistas y las realidades religiosas y políticas del Renacimiento, y más tarde, a partir del siglo XIX, para convencernos a nosotros mismos de que nuestro destino republicano e independiente era, también, un capítulo de la felicidad humana.

Ambas persistencias nos han costado caro.

Los números pueden engañar, pero la evidencia nos dice que la población descubierta por Colón en el Caribe en 1492 había desaparecido totalmente en 1.550.

Los historiadores de la experiencia colonial de América, Barbara y Stanley Stein, estiman en 25 millones la población del centro de México al iniciarse la conquista en 1519. En 1605, sólo había un millón de habitantes.

En los Andes centrales, una población de cerca de seis millones en 1525, había descendido a un millón quinientos mil en 1561.

Las razones de esta catástrofe demográfica fueron complejas, acumulativas y brutales: trabajos forzados, la encomienda y la mita, enfermedades europeas, desplomes inmunológicos, pero también, y hasta qué grado, la desesperación cultural.

Pues no son los números lo más impresionante.

Una sola muerte injusta, un solo ser humano esclavizado, sirven, como el pájaro enjaulado de William Blake, para desatar el escándalo del cielo.

La violencia con que Europa implantó su poder en América, trátese de españoles, portugueses, ingleses o franceses, es apenas el índice estadístico de una muerte irreparable: la de grandes civilizaciones que, como lo ha demostrado elocuentemente Miguel León-Portilla, poseían un sistema educativo, un mundo moral y artístico, y formas de relación humana "en continuada evolución creadora".

Frente al universo del poder, místico y guerrero, otras maneras de ser, jóvenes, prometedoras, fueron arrancadas de su tallo —aunque no de su raíz— por el descubrimiento y la conquista.

Con ello no sólo perdió América: perdió Europa, pues al caer las civilizaciones americanas desaparecieron augurios alternativos de relación y de imaginación que nuestras sociedades americanas, pero también las europeas, acaso hayan necesitado y seguramente necesitarán para darle la cara y el corazón —*in ixtli, in yólotl*— a problemas para los que la modernidad occidental no tiene respuestas adecuadas: la relación con la naturaleza, por ejemplo, o con la muerte.

Pero ahora, dice Bernal Díaz del Castillo, el cronista de la conquista de México, todo está caído, regado y perdido para siempre.

¿En verdad?

En un sentido, sí. Nunca sabremos cuál habría sido la evolución propia de las civilizaciones indígenas sin interferencias extrañas. Tampoco sabremos nunca, es cierto, cuál habría sido la de la Iberia de Viriato o la de la Galia de Vercingetórix sin la conquista romana, o la de Inglaterra sin la invasión normanda.

Un destino interrumpido nunca es justo, pero si el de la América indígena fue perder su evolución autónoma, también es cierto que la brutalidad misma de la conquista puso de manifiesto la capacidad indígena para sobrevivir a los peores desafíos.

La cultura india de las Américas *no* pereció, aunque tampoco prevaleció. Sobrevivió y se convirtió en parte inseparable de lo que José Lezama Lima ha llamado la contraconquista, la respuesta india primero, y africana después, a lo puramente europeo en América. Una pureza que duró menos que la primera noche de amor entre un español y una india. La relación sexual inmediata y la formación de familias mestizas distingue la conquista ibérica de otras colonizaciones que sintieron repugnancia del contacto físico con los indios.

Mucho se ha hablado del asombro del universo indígena ante la aparición del desconocido europeo y, sobre todo, cuando ese desconocido encarnó el cumplimiento de mitos anunciados. Hernán Cortés desembarca en la costa de México en el tiempo previsto para el regreso del dios blanco y barbado: Quetzalcóatl, la serpiente emplumada.

Pero el asombro es doble: indígena y europeo. El dolor y el asombro del mundo indígena pero también el asombro y más tarde el dolor de los propios conquistadores. El primero es maravillosamente descrito por Bernal Díaz del Castillo al entrar, con la hueste de Hernán Cortés, a la capital azteca, Tenochtitlán. Los cronistas de Indias y su imaginación medieval fabuladora, aunada a su imaginación renacentista, voluntariosa, reflejan el asombro de Europa en América:

> Y otro día por la mañana llegamos a la calzada ancha... [que] iba a México y nos quedamos admirados, y decíamos que parecía a las cosas y encantamiento que cuentan en el libro de Amadís... y aun algunos de nuestros soldados decían que si aquello que aquí si era entre sueños...

y con un sueño de ojos abiertos debió ver en Colombia fray Pedro Simón los árboles con campanas de oro de Sinú.

Sin embargo, el sueño del conquistador —su asombro— pronto se convirtió en la pesadilla del mundo indígena: de ese objeto de encantamiento que era Tenochtitlán no quedó piedra sobre piedra: el soñador se convirtió en el destructor. Pero además, no olvidemos, también fue el deseador: complejo deseo de fama y de oro, de espacio y de energía, de imaginación y de fe. No hay deseo inocente, porque no sólo queremos poseer, sino transformar el objeto de nuestro deseo. El descubrimiento desemboca en la conquista: queremos el mundo para cambiarlo. La melancolía de Bernal Díaz es la de un peregrino que encuentra la visión del paraíso y enseguida debe destruirla. El asombro se convierte en dolor, y Bernal Díaz, el escritor, sólo puede salvar a ambos mediante la memoria.

El asombro de Iberia en América es nuestro asombro pero también nuestro dolor.

Asombrosa concomitancia del tiempo español, que sacrifica su vocación policultural —cristiana, mora y judía, centro de inclusiones— en España, en el instante en que descubre y es descubierto por lo radicalmente otro: la cultura indígena de las Américas.

Asombrosa simultaneidad entre el apogeo y la decadencia de un imperio sobreextendido, excesivo, carente de la inteligencia administrativa que él mismo expulsó y genialmente inspirado desde el primer momento de su gloria imperial para compensar las derrotas de la historia con los triunfos de la santidad y el arte: el imperio español.

Pero sobre todo, asombrosa fraternidad entre la muerte de las civilizaciones indias y el nacimiento de las civilizaciones hispanoindígenas.

Somos, todos nosotros, los testigos del acto terrible de nuestra propia muerte e inmediato renacimiento.

Tenemos todos ante la mirada del presente el acto que nos gestó.

Testigos eternos de nuestra propia creación, los

descendientes de españoles e indígenas en América sabemos que la conquista fue un hecho sangriento, cruel, criminal. Fue un hecho catastrófico. Pero no fue un hecho estéril.

María Zambrano solía decir que una catástrofe sólo es verdaderamente catastrófica si de ella no se desprende algo que la rescata, algo que la sobrepasa.

María Zambrano poseía un pensamiento trágico, no melodramático, o maniqueo, y era consciente de la necesidad del tiempo para transformar la experiencia en conocimiento.

No hemos permanecido en el desastre porque hemos nacido de él: de la catástrofe de la conquista nacimos todos nosotros, los indoamericanos.

Fuimos, inmediatamente, mestizos.

Hablamos, mayoritariamente, el español.

Y, creyentes o no, nos creamos en la cultura del catolicismo, pero de un catolicismo sincrético incomprensible sin sus máscaras indias primero y negras luego.

Somos el rostro de un Occidente rayado, como dijo el poeta mexicano Ramón López Velarde, de moro y de azteca —y, añadiría yo, de judío y de africano, de romano y de griego.

Digo esto como mexicano: de dos culturas de la muerte nació una cultura de la vida. Ni utopía, ni crimen solamente, acaso la conquista y la colonización fueron algo más: un acontecimiento trágico. Lo importante es que no permanecimos en el desastre porque nacimos de él.

Y desde el primer momento nos hicimos las preguntas de la identidad:

¿Quiénes somos?

¿Cómo se llama ahora este río?

¿Cómo se llamó antes esta montaña?

¿Quiénes fueron nuestros padres y nuestras madres?

¿Reconocemos a nuestros hermanos?

¿Qué recordamos?

¿Qué deseamos?

Y nos hicimos también las preguntas de la justicia:

¿A quiénes pertenecen legítimamente estas tierras y sus frutos?

¿Por qué tan pocos tienen tanto, y tantos tan poco?

Sobre estas preguntas se construyó una nueva civilización, propiamente americana, cuyo emblema primero fueron nuestras grandes ciudades.

Un rosario incomparable de verdaderas urbes indoafroiberoamericanas, de San Francisco y Los Ángeles a Guanajuato y Puebla, de San Juan de Puerto Rico y La Habana, a Cartagena de Indias, Lima, Buenos Aires y Santiago del Nuevo Extremo.

Nadie, nunca, sobre territorio tan vasto ha construido tanto, con tanta energía y en tan poco tiempo, como la América española: ciudades con imprentas, universidades, pintores y poetas, un siglo antes de que nada de esto existiese en Angloamérica; ciudades con injusticia también; ciudades cuya energía, contraste e imaginación han sido una desesperada compensación de lo desaparecido.

Sobre estas preguntas se creó un arte del barroco, refugio del vencido; donde el indio primero, y luego el negro, encontraron un espacio para sus antiguas creencias y para siempre dejaron su huella en las iglesias, la arquitectura civil, los oficios, las artes y las literaturas de un continente donde el barroco fue algo más que en Europa: respuesta a preguntas esenciales.

¿Cuál es nuestro lugar en el mundo?

¿A quién le debemos complicidad y alianza?

¿A nuestros padres europeos? ¿A nuestras madres quechuas, araucanas, mayas o aztecas?

¿A quién debemos orar? ¿A los viejos dioses, o a los nuevos?

¿Y qué lengua debemos hablar: la de los conquistadores o la de los conquistados?

Nada expresó mejor la ambigüedad de estas preguntas que el arte del barroco americano, arte de la paradoja, arte de la abundancia basada en la necesidad, arte de la proliferación nacido de la inseguridad, llenando rápidamente los vacíos de nuestra historia personal y colectiva después de la conquista con todo lo que encontró a la mano.

El barroco: un arte mudable, como la imagen misma del tiempo, espejo en el que vemos nuestra identidad en cambio constante.

Un arte dominado por el hecho sencillo aunque imponente de que estábamos capturados entre el mundo indígena destruido y el mundo africano esclavizado, y un nuevo universo, tanto europeo como indígena, africano y, al cabo, americano.

Más allá del mundo del imperio, del poder y del oro, más allá de las guerras de religión y de dinastías, un valiente mundo nuevo se estaba formando en las Américas después de la conquista, con manos y con voces americanas.

Una sociedad nueva, una nueva fe, con su propio lenguaje, sus propias costumbres, sus propias necesidades.

En las Américas, España habría de renovar su misión cultural, que ha consistido siempre en ser centro de incorporación, no de exclusión, de culturas: España celta e ibérica, fenicia, griega y romana, cristiana, judía y árabe, y ahora india, negra y americana.

Pero, claro está, la cuestión más importante surgida de la nueva cultura afroindoiberoamericana tuvo que ver con cuestiones fundamentales de la justicia, y ello también le da a España un carácter singular en la historia de las colonizaciones del Nuevo Mundo.

Pues desde el sermón de Antonio de Montesinos en Santo Domingo durante la Navidad de 1511 ("¿No son éstos, hombres; no poseen un alma racional?"), hasta la promulgación de la legislación de Indias en 1542, pasando por las campañas de fray Bartolomé de las Casas ("¿Qué habéis hecho de las Indias?"), continuando con la negación de la humanidad del indio por Ginés de Sepúlveda y su afirmación por Francisco de Vitoria, durante un siglo España es el único imperio de la época y el primero de la historia, que debate consigo mismo acerca de la naturaleza y los errores de su política de colonización:

¿Qué he hecho?

¿A quiénes sojuzgo, educo, evangelizo, exploto? ¿Quiénes y qué son estos hombres y mujeres? ¿Son seres humanos y no bestias de carga?

¿Tienen alma pero también tienen propiedad? Y

más aun, ¿hay guerras justas e injustas?, ¿se justifica el derecho de conquista?

Sólo España planteó el debate, no las otras potencias coloniales —Inglaterra, Francia, Portugal y Holanda—, cuyos crímenes de exterminio y esclavitud son comparables a los de España. Pero éstas no albergaron la duda, el debate, el discurso, e incluso el humor que permitió a un Vitoria, desde la cátedra de Salamanca, preguntar a sus estudiantes españoles: ¿qué habrían pensado ustedes si en vez de conquistar a los indios americanos, son éstos los que conquistan España y nos tratan a nosotros como nosotros los tratamos a ellos?

Pues si Sepúlveda acusaba a los indios de canibalismo, Vitoria acusó a los europeos de genocidio, destrucción y guerra injusta.

De este debate nació el concepto moderno del derecho internacional fundado en la universalidad de los derechos humanos, que Francisco Suárez hizo explícito al situar el origen de toda autoridad en el pueblo, siendo, por ello, todo pueblo legalmente invulnerable a la conquista por otros.

América no fue descubierta: estas tierras ya estaban habitadas, razonó Vitoria. Los indios no pueden ser castigados por ofensas contra Dios; los cristianos cometen diariamente tantas o más que ellos. Los indios no son irracionales: tienen derecho a propiedad y gobierno. Pero si han de ser gobernados desde Europa, el monarca cristiano debe darles los mismos beneficios que a los ciudadanos de la metrópolis. Los indios, escribió Vitoria, son tan sujetos del rey de España como cualquier ciudadano de Sevilla.

Los escritos de Vitoria y Suárez fundaron el derecho internacional, es decir, la juricidad entre naciones que previamente no existían. Ellos concibieron una ley para las naciones en un universo unido pero en expansión.

España y América universalizaron la idea de los derechos del hombre.

Y, pese a todas sus imperfecciones, la legalidad es una práctica superior a la utopía y al crimen que, sin embargo, continuaron sus largas existencias en el Nuevo Mundo.

La protección legal de la corona a los pueblos del vasto interior agrario de América fue sin duda insuficiente. El cacique político y pueblerino llenó los vacíos del poder local y la encomienda fue perfeccionada, de hecho, por el peonaje por deuda: la hacienda, el fundo.

Pero también se puede alegar que las comunidades agrarias tuvieron más derechos sobre sus aguas, sus bosques y sus tierras durante el régimen colonial que durante el régimen independiente. El historiador Friedrich Katz de la Universidad de Chicago, estima que sólo en México, en 1820 al concluir el régimen colonial, el 30% de la tierra estaba en manos de las comunidades agrarias o indígenas. En 1910, al estallar la Revolución Mexicana, sólo un 2% de las tierras seguía en manos de las comunidades.

La identificación del liberalismo económico con el progreso y de la cultura indígena y agraria con la barbarie (idea compartida por Marx, Sarmiento y Porfirio Díaz) motivó a nuestros gobiernos republicanos a arrebatar a las comunidades sus derechos aboriginales y hasta coloniales.

Despojándolos de la identidad jurídica que habían poseído bajo el régimen colonial, las repúblicas independientes impusieron a los indios y campesinos indefensos los valores del libre mercado.

La teoría sostenía que en un sistema de libre competencia rápidamente se convertirían en los verdaderos propietarios y explotadores de sus tierras. En realidad, las haciendas, los fundos y las grandes corporaciones los devoraron.

Sobre esta injusticia se levantaron las insurrecciones campesinas modernas, que, como la de Zapata, no hicieron sino reclamar los derechos que les había reconocido la corona.

Sin embargo, en 1991 la conquista aún no ha terminado y nosotros, los iberoamericanos modernos, nos hemos comportado con tanta crueldad hacia el indio como Nuño de Guzmán o Pizarro, y con menos compasión que Las Casas o Vitoria. Y no me refiero sólo a las campañas de exterminio que durante el siglo XIX y principios del XX perpetraron los gobiernos de Argentina, Chile y México contra la población indígena; no me refiero sólo al desprecio cultural que llevó a escritores como el argentino Carlos Bunge a bendecir el alcoholismo, la viruela y la tuberculosis, porque gracias a ellos se diezmaba la población indígena y africana de las Américas. Me refiero más bien a nuestra indiferencia diaria, a nuestra opresión por el olvido, a nuestra marginación constante del destino de los pueblos indígenas de las Américas.

En este punto, como en casi todos, nuestra reflexión actual debe dirigirse hacia el futuro más que hacia el pasado:

Dentro de quinientos años, ¿quedará un solo indio vivo en las Américas? ¿Es éste su destino?, se pregunta Fernando Benítez.

A nosotros nos corresponde decidir si sabremos respetar los valores de la cultura indígena —el sentido de la comunidad, lo sagrado, la memoria, la muerte, la sabiduría atávica, la intensidad ritual, la presencia del misterio, el gobierno local— haciendo nuestro, en nuestros propios términos, el valor del otro que vive entre nosotros.

A nosotros nos corresponde decidir si podemos respetar esos valores sin condenarlos al abandono, pero salvándolos de la injusticia.

No seremos hombres y mujeres justos si no compartimos la justicia con ellos.

No seremos hombres y mujeres satisfechos si no compartimos el pan con ellos.

Pues hay poca justicia y poco pan en el Nuevo Mundo iberoamericano quinientos años después de Colón, y esta injusticia, esta insatisfacción, nos obliga a preguntarnos: en 1992, ¿tenemos algo que celebrar?

La respuesta parecería negativa si observamos, desde el río Bravo hasta Tierra del Fuego, la inflación y el desempleo, los índices crecientes de pobreza y enfermedad, los índices decrecientes del ahorro, la productividad, los salarios... y las esperanzas.

Nuestras frágiles instituciones políticas se ven amenazadas por la crisis de las cuatro D: desarrollo, deuda, droga y democracia.

En estas circunstancias, ¿hay algo que celebrar?

Yo diría, a pesar de todo, que sí: tenemos la ocasión y el derecho de celebrar, éste y todos los años, la extraordinaria continuidad cultural del continente iberoamericano.

En medio de los desastres económicos, a pesar de la fragmentación política, y en flagrante contraste con ambos, la continuidad cultural se impone como el hecho más cierto y más positivo de la vida que hemos creado juntos los descendientes de indígenas, negros y europeos en el continente que habla español y portugués.

Por lo menos en dos aspectos la crisis negativa ha sido positiva.

Primero, nos hemos dado cuenta de que ésta también ha sido una crisis de crecimiento, explosivo, desordenado: crecimiento de la población, de la vida urbana, de la sociedad civil con todas sus energías, sus exigencias, sus contradicciones.

Nos acercamos a las puertas del tercer milenio y del quinto centenario con una población que se ha duplicado en veinte años, de 200 millones en 1970 a 400 millones el día de hoy y que en el año 2000 duplicará la población de Estados Unidos. Es una población joven: la mitad tiene quince años o menos. Es una población ansiosa por obtener trabajo, educación, servicios sociales.

Absolutamente todo latinoamericano que exija un trabajo en el año 2000 ya ha nacido.

Pero ninguno de los sistemas políticos o económicos prevalecientes en Latinoamérica ha sido capaz de dar a estos jóvenes lo que merecen: salud, educación, empleo, beneficios sociales, pero también libertad política; o una economía de mercado pero con empleo, escuelas y hospitales. Hemos tenido justicia social sin desarrollo económico, o desarrollo económico sin justicia social.

Es hora de reunir los tres valores: crecimiento económico con justicia social y con democracia política.

Por ello, y en segundo término, hemos asistido al derrumbe de muchas teorías políticas y esquemas económicos que poco o nada tenían que ver con nuestros problemas reales.

Pero en medio de estos derrumbes algo se mantuvo en pie: la cultura que a lo largo de los últimos cinco siglos hemos logrado construir juntos todos los iberoamericanos.

La aparición de la cultura como protagonista de la vida iberoamericana concurre con la aparición de la sociedad civil como creadora y portadora de la cultura.

Hemos visto lo peor de nosotros mismos, pero también lo mejor: la memoria de piedra de Chichén Itzá y de Machu Picchu; el sueño barroco de Oaxaca y de Minas Gerais; la incorporación del mundo aborigen al mundo cristiano en Santa María de Tonantzintla o en San Lorenzo de Potosí; la presencia actual de las formas indígenas en Rufino Tamayo o de las formas africanas en Wifredo Lam; la transformación satírica del orden colonial en Fernando Botero; la continuidad de viejos vínculos colectivos en la legalidad agraria; la perseverancia de la tradición romana en la vida del derecho urbano; la continuidad de los mitos indígenas en Asturias, los mitos judeomusulmanes en Borges o los mitos renacentistas en Carpentier.

Del Inca Garcilaso a Mario Vargas Llosa, de sor Juana Inés de la Cruz a Pablo Neruda, de Machado de Assis a Jorge Amado, los iberoamericanos hemos sido capaces de crear una cultura fluida, continua, duradera, y en ella cada uno de nosotros puede descubrirse y reconocer a los demás iberoamericanos.

La crisis que nos empobreció económicamente también puso en nuestras manos estas riquezas y nos permitió darnos cuenta de que todos y cada uno de nosotros participa de pleno derecho de cada uno de los aspectos de nuestro patrimonio policultural y multirracial.

Pocas culturas del mundo poseen una continuidad comparable: la visión fluida, no traumática, de Alfonso Reyes y José Lezama Lima se ha impuesto.

Por ello, precisamente, resulta más dramática la ausencia de un reconocimiento, seguido de una acción, comunes en los campos de la política y de la economía. No hemos sido capaces de trasladar la riqueza y la continuidad culturales a una riqueza económica y a una imaginación política comparables.

Y aclaro de inmediato: la lírica náhuatl, la poesía de sor Juana Inés de la Cruz o la arquitectura de Congonhas do Campo son hechos estéticos autosuficientes. No reclaman, en sí mismos, respuestas económicas o políticas. Pero sí indican, claro que sí, modos de ser, maneras de pensar, de vivir, de vestir, de comer, de amar, de amueblar, de cantar, de hablar, de soñar, de moverse, de luchar.

Un hecho cultural simboliza y conjuga toda una manera de ser... y de estar.

La cultura es la manera que cada cual tiene de dar respuesta a los desafíos de la existencia.

Las formas actuales de nuestra imaginación, una novela de Isabel Allende, Luisa Valenzuela o Fernando del Paso, un poema de Nicanor Parra o un cuento de Antonio Skármeta, una composición musical de Héctor Villalobos, Mario Lavista o Rubén Blades, una casa de Luis Barragán, Ricardo Legorreta o Lucio Costa, nos dicen: así somos. Esto podemos hacer. Esto nos queda por hacer. Esto quisiéramos ser y hacer.

La falta de una correspondencia entre la unidad cultural y la desunión política y económica de Iberoamérica es preocupante porque indica una incapacidad, un vacío.

No hemos logrado unir una y otras porque, con demasiada frecuencia, hemos buscado o impuesto modelos de desarrollo escasamente relacionados con la realidad cultural.

La cultura puede, por ello mismo, devolvernos una necesaria visión de las coincidencias reales de la vida con la política y la economía.

Pues la cultura, al fin y al cabo, es creada y portada por quienes *también* hacen la política y la economía: todos nosotros, los ciudadanos, los miembros de la sociedad civil.

Para mí, ésta es la gran novedad de Iberoamérica en vísperas de 1992 primero y del año 2000 enseguida. Tradicionalmente, nuestras sociedades han sido organizadas desde arriba y desde el centro.

Esto es cierto respecto del imperio azteca y del imperio español.

Las instituciones representativas de esa situación han sido el Estado imperial, la Iglesia y el Ejército.

La desaparición del imperio español en América creó un vacío llenado por los tiranos —Rosas, Santa Anna— y un desafío llenado por los Estados nacionales —Juárez, Mitre.

En las pugnas por crear Estados nacionales en contra de golpes militares, intervenciones extranjeras y anacronismos de poder religioso y caciquil.

En medio de movimientos de masas y elecciones, procesos de evolución y de revolución también.

Gracias, asimismo, a la creación por los Estados nacionales de infraestructuras antes inexistentes —comunicaciones, hospitales, escuelas—, las sociedades civiles iberoamericanas se han venido forjando, en la adversidad a menudo, pero también con la certeza de ser las portadoras de la continuidad cultural del continente.

Sindicatos y cooperativas agrarias, organizaciones empresariales, burocracias y tecnocracias, grupos femeninos, asociaciones barriales y religiosas, universidades, medios de información, intelectuales, estudiantes: todo este abanico de la sociedad civil es hoy la realidad más dinámica de Iberoamérica.

Su novedad es que se mueve desde abajo y desde la periferia, ya no desde arriba y desde el centro.

Su dinámica es que rebasa no sólo a los poderes tradicionales —Iglesia, Ejército, Estado— sino a los propios partidos políticos, vistos a menudo como poco representativos de la diversidad civil.

Y su peligro —el peligro de nuestras sociedades— es que no tengamos tiempo u organización suficientes para dar respuestas concretas, locales, iberoamericanas, a los veloces desafíos de la modernidad: comunicación instantánea, integración económica mundial y avance tecnológico acelerado.

Son éstas las cartas con las que vamos a presentarnos, no a celebrar sino a reflexionar, con motivo de 1992 primero y del 2000 después.

Creo que los problemas de 1492 en 1992 son dos.

Uno es la hipercelebración.

El otro es la hipercrítica.

Ver el pasado sólo como un prolongado crimen o sólo como una hazaña civilizadora.

No debemos convertirnos en estatuas de sal.

No podemos, tampoco, ser nuestros propios verdugos contemporáneos.

No cumplamos la tarea de fiscales que nuestros críticos históricos, con consumada hipocresía, vienen ejerciendo desde hace quinientos años para cargar sobre nuestras espaldas crímenes de los que a ellos nadie los ha absuelto —salvo nuestro masoquismo.

De los hechos del pasado hemos nacido todos nosotros.

Somos lo que somos porque juntos hicimos la cultura que nos une: india, europea, africana y sobre todo mestiza. Una cultura que predice la naturaleza y los problemas del mundo en el siglo XXI.

Pues el mundo por venir será como ha sido el nuestro: un mundo de mestizaje, un mundo de migraciones, pero esta vez instantáneas; no en carabela, sino en *jet*.

Todos, en las Américas, llegamos de *otra parte*, desde los primeros hombres y mujeres que cruzaron el estrecho de Behring hace 30 mil años, hasta el último trabajador migratorio que anoche cruzó la frontera entre México y Estados Unidos, pasando por esos ilustres indocumentados, los puritanos ingleses que desembarcaron en Massachusetts, sin visas, en 1620.

No olvidemos que América fue una vez un continente vacío, que todos sus habitantes llegamos de otra parte, y que si negamos a cualquier grupo humano el derecho de estar en las Américas nos negamos ese derecho a nosotros mismos.

Hace quinientos años nos enfrentamos al problema del otro: el encuentro con los hombres y mujeres diferentes, de otra raza, de otra cultura.

Ese fenómeno se repite hoy a escala mundial, desde Nueva York a Los Ángeles, desde Londres a Berlín y desde París a Nápoles.

En el siglo XXI veremos migraciones en masa desde Oriente hacia Occidente.

Éste será el gran tema del siglo venidero.

Ojalá que el inmigrante moderno encuentre a su padre Bartolomé de las Casas y sea defendido por su padre Francisco de Vitoria.

Los pueblos de Iberia y de América hemos sido grandes cuando hemos practicado una cultura de inclusiones. Cuando excluimos, nos empobrecemos; cuando incluimos, nos enriquecemos.

La fortaleza de nuestra cultura —el saldo más importante de estos quinientos años— nos permitirá, si sabemos aprovecharla, actuar responsablemente adentro y afuera.

Adentro, para acercarnos a la coincidencia de instituciones y sociedades, hoy peligrosamente divergentes, con el propósito de reanudar el desarrollo, pero esta vez con justicia económica y con democracia política.

Quinientos años después de Colón, nuestros países no reclaman menos: desarrollo con justicia y democracia.

Afuera, el Nuevo Mundo ibérico tiene la fuerza cultural suficiente para abrirse y abrazar sin miedo, a todas las culturas del mundo.

No son más fuertes y más ricas que la nuestra la cultura angloamericana o la cultura francesa, para citar dos ejemplos que nos desvelaron durante doscientos años.

Podemos resistir todo encuentro y beneficiarnos de él.

Somos todo lo que somos.

No podemos negar ni las grandezas ni las servidumbres de nuestros pasados: ni la vida ni la muerte.

Pero sólo seguiremos siendo en el futuro si lo enfrentamos unidos, con todas las cargas de nuestra historia, pero también con todos sus problemas.

Hay un mundo después del Quinto Centenario, un mundo de crisis y desafíos descomunales en todos los órdenes, y si ese mundo nos encuentra desunidos, nos vencerá en nombre de lo que *no es* nosotros.

Tenemos mucho que darle al porvenir, a condición de que no nos paralicemos ni en la pura celebración ni en la pura autoflagelación.

Entre la beatitud festiva y el masoquismo de ministerio público, la América indígena, africana e ibérica tiene la oportunidad moderna, porque nuestra experiencia ha sido lo que ha sido, de restaurar un mínimo sentimiento trágico de la vida: ni utopía ni apocalipsis, sino la vida de la tensión entre valores competitivos y visiones alternativas.

Estamos en el mundo.

En él somos libres porque actuamos.

Pero no lo somos, porque morimos.

Sólo la cultura, que es amor y amistad, creación y crítica, *eros* y *tánatos,* asegura la continuidad de la vida a pesar de la inevitabilidad de la muerte.

Darle, a partir de esta convicción, un contenido real, crítico, humano a las exigencias tecnológicas y económicas de nuestro tiempo es algo que los indoafroiberoamericanos podemos hacer a partir de nuestra historia de encuentros e incorporaciones, en beneficio nuestro y del nuevo mundo multipolar que sucede a la esterilidad de cincuenta años de guerra fría.

Por ello, el tema cultural será el gran tema del siglo XXI: el encuentro con la multiplicidad de las civilizaciones, y las políticas y economías que de este encuentro nazcan.

Cuando hablamos de dos fechas, 1992 y enseguida el año 2000, estamos hablando del tiempo y de las maneras en que lo vivimos.

El tiempo puede ser muy distinto para muchos pueblos.

Los antiguos mexicanos celebraron y temieron, a la vez, una sucesión de cinco soles que anunciaban el principio y el fin, la muerte y el renacimiento, en tanto que los antiguos peruanos imaginaron al tiempo como una serie de horizontes fusionándose los unos en los otros, siempre inalcanzables, pero siempre abiertos.

En el Occidente, pienso que la más hermosa definición del tiempo la dio Platón en el *Timeo,* cuando nos dice que "El tiempo es la imagen móvil de la eternidad".

Hablándole a esta imagen que se mueve, acompañando esta sucesión de soles, dentro de esta fusión de horizontes, nosotros mismos, inevitablemente, actuamos, pensamos, hablamos y escribimos, deseamos y recordamos, vivimos y morimos.

Sepamos, en 1992 y en el siglo que se aproxima, respetar las pausas del tiempo sin sacrificar el movimiento del tiempo.

Sepamos animar la pluralidad de nuestras culturas para que se reflejen en nuestras instituciones públicas, dándoles vigor, sustancia y justicia.

Pero sepamos, sobre todo, ir más allá del descubrimiento o el encuentro a la imaginación de América, inacabada, incumplida, desafiante, porque sólo descubriremos, al cabo, lo que imaginamos primero.

Los próximos quinientos años comienzan hoy.

III. DESPUÉS DE LA GUERRA FRÍA: LOS PROBLEMAS DEL NUEVO ORDEN MUNDIAL*

A Bernardo Sepúlveda

Los organizadores de este Coloquio —la Universidad Nacional Autónoma de México, el Consejo Nacional para la Cultura y las Artes, y la revista *Nexos*— han querido invitar a tres novelistas —Fernando del Paso, Gabriel García Márquez y yo mismo— para inaugurar cada uno de los tres grandes rubros del diálogo: México, la América Latina, la situación internacional.

Seguramente, los ha guiado la idea de que el novelista puede ofrecer una visión del mundo, puesto que la novela, por definición, postula la identidad de conocimiento e imaginación.

Pero esta mañana yo quisiera anteponer, a la visión, la preocupación.

Preocupación de un ciudadano ante una historia que, lejos de acabarse, se multiplica y desborda, proteica, corriendo velozmente entre las orillas de la esperanza y la desesperanza, y cruzando apenas

* Discurso pronunciado durante el Coloquio de Invierno, el 10 de febrero de 1992, Auditorio Alfonso Caso, Ciudad Universitaria, México, D. F.

bajo el puente de la certidumbre, despeñándose en la catarata de la perplejidad.

Al menos, igual que la literatura, hoy vemos que la historia nunca dice su última palabra: novela abierta, historia inconclusa.

Sobra decir que al dirigirme a ustedes no pretendo agotar una temática, ni siquiera indicar una agenda, sino invitarnos a reflexionar y sobre todo a cuestionar.

Trato de encontrar, de todos modos, un asidero para mis palabras, y lo hallo en la tierra firme de esta universidad nuestra, donde tantos de los presentes nos formamos y trabamos para siempre las más duraderas fidelidades de la amistad y las ideas.

El Coloquio de Invierno, pluralista y abierto, se dirige sobre todo a los estudiantes que, instantáneamente, serán sus copartícipes en más de sesenta universidades e instituciones culturales de México.

A ellos me gustaría recordarles, en primer término, cuál fue la experiencia de mi propia generación universitaria, a fin de compararla con la suya y, sobre todo, de comparar el mundo que fue nuestro y el que será de ellos.

Mi generación, producto de la educación universitaria mexicana, llegó al medio siglo que le dio nombre, a los cuarenta años críticos de la Revolución mexicana, al cuarto año de la posguerra mundial y a los cuatrocientos de la fundación de esta Universidad de México donde hoy nos reunimos, cuando el "nuevo orden" imaginado por Hitler fue vencido y, en cambio, el mundo trató de establecer un orden basado en la ley: la carta de las Naciones Unidas.

Pero aunque el orden legal de la posguerra fue admirable, el orden real resultó deplorable: dos ideologías, dos sistemas, dos superpotencias de la era atómica se enfrentaron de uno y otro lado de lo que, en su famoso discurso pronunciado en Fulton hace 46 años, Winston Churchill llamó "la cortina de hierro".

Movimientos hacia la reforma y el cambio de uno u otro lado de la cortina se frustraban, porque si sucedían en la esfera norteamericana eran descalificados como comunistas, y si ocurrían en la esfera soviética eran descalificados como capitalistas.

No obstante, muchos de estos movimientos simplemente reflejaban realidades culturales que no respondían a las tipificaciones soviéticas o norteamericanas, marxistas o capitalistas, sino que, de México a Chile, del Báltico al Mediterráneo y del Sahara al Mekong, eran portadores de sus propios valores, pacientemente hilados en el telar de los siglos.

Aprendimos, por ello, a rechazar por igual la intervención norteamericana contra los regímenes democráticamente electos de Guatemala y Chile, y la intervención soviética contra los movimientos democráticos en Hungría y Checoslovaquia. Por igual, la guerra norteamericana contra Vietnam y la guerra soviética contra Afganistán. A los latinoamericanos nuestra civilización nos decía claramente que la guerra fría sacrificaba demasiadas posibilidades políticas y culturales de nuestra humanidad.

Deseamos, desde entonces, enriquecer la vida internacional con la contribución de nuestra propia experiencia histórica, dentro de un orden multipolar —Japón y China, la India y el Islam, África negra, América Latina, la casa común de Europa y los pueblos de la Unión Soviética y Estados Unidos— en el que todas las culturas, y sus manifestaciones políticas, tuviesen vigencia.

Pues, junto con José Ortega y Gasset, pensamos siempre que la cultura es una respuesta a los desafíos de la vida, que las respuestas son tan variadas como las culturas y que no existe una solución, una panacea universal, separada de la cultura de una comunidad.

Hoy mi pregunta es la siguiente: ¿hemos dejado atrás el universo bipolar de la guerra fría y nos acercamos al universo multipolar de nuestras esperanzas, en el que valores políticos como la democracia pueden encontrar el cauce histórico de la cultura a la que pertenecen sus ciudadanos?

Hace dos años apenas la respuesta hubiese sido gozosamente afirmativa.

¿Quién, en Iberoamérica y el mundo, no celebró la asombrosa secuela, el retablo de las maravillas, que siguió a la caída del muro de Berlín en noviembre de 1989?

El fin de las escleróticas tiranías comunistas de la Europa central.

La unificación de Alemania.

Los cambios internos en la Unión Soviética.

La transición hacia la democracia en América Latina.

Las esperanzas de liberalizar el comercio y de establecer una relación de cooperación compartida entre el Norte y el Sur, justificando efectivamente el carácter global de las relaciones económicas internacionales.

El fin de la guerra fría y, acaso, de la política armamentista que durante cuarenta años tanto pan le robó al hambriento, tanta medicina al enfermo, tanto techo al desamparado y tanto alfabeto al iletrado.

Y sobre todo, el paso de una estructura bipolar a otra, multipolar: muchos centros, no sólo dos; muchos rostros, muchas culturas, muchas soluciones, no sólo dos.

Veintisiete meses después de la caída del muro de Berlín la cara de la euforia no puede ocultar la mueca de la incertidumbre.

La Unión Soviética dejó de serlo y las repúblicas sucesoras confrontan, igual que Gorbachov, las tensiones inevitables en un vasto territorio —la sexta parte de la superficie del globo— que por primera vez en su historia intenta pasar del imperativo puramente territorial a los imperativos de la productividad y la democracia. El derrumbe soviético, además, amenaza crear un vacío que arrastre en su vértigo a la anhelada casa común de Europa.

Las congeladas burocracias comunistas de Europa central, al derretirse, revelaron que las deformaciones más añosas de esas comunidades no habían sido extirpadas, en tanto que nuevos problemas de desempleo, inflación, vivienda y medio ambiente proponían un difícil y largo periodo de ajuste entre la economía de mercado y normas mínimas de seguridad social.

Pero si la Unión Soviética y los países del antiguo

Pacto de Varsovia fueron las dos zonas de cambio más evidente y dramático, hay otras que acaso proponen e ilustran mejor los problemas de largo plazo para llegar a un orden de cooperación internacional.

Acostumbrados a llevar puesta la estrecha pero habitual camisa de la guerra fría, muchos sienten que al perderla, la camisa, como la del mitológico Neso, nos arranca la piel.

Debimos prever que el paso de la bipolaridad a la multipolaridad no sería ni fácil ni gratuito: no estábamos realmente preparados para él desde el punto de vista económico, ni política o jurídicamente. Las pruebas están a la vista al reunirnos hoy en este Coloquio.

Ello no disminuye el valor de los fines propuestos; tampoco exime del deber de analizar los obstáculos que encontrará un mundo suspendido entre el hielo y el fuego: entre la globalización económica y la balcanización política, y entre aquélla y el surgimiento de bloques de comercio rivales; entre el modelo de desarrollo capitalista y la persistencia de problemas sociales que no pueden resolverse sin la acción política de la izquierda, o sin la intervención del Estado; entre la integración de un club de ricos en el Norte y la dispersión de una barriada pobre y anónima en el Sur; entre la dinámica mundial hacia la multiplicidad y el monopoder aparente asumido por Estados Unidos.

Me referiré a cada una de estas situaciones.

La primera paradoja de la relación internacional emergente es que la integración económica global coexiste con lo que la niega: la extrema balcanización política, sobre todo en la antigua Unión Soviética, en Europa central y en Yugoslavia.

Al nivel veloz de la integración económica, no hay ya compañías nacionales ni, estrictamente, economías nacionales. Lo que hay es una rápida transición de la economía de volumen a la economía de valor.

Ésta se organiza con cerebros capaces de identificar y resolver problemas, de inventar nuevos productos a partir de ideas y dineros rápidamente transmisibles mediante *blips* electrónicos y de hacerlos tangibles como suma de esfuerzos localizados en una universidad alemana, un laboratorio francés, una firma de diseño italiana, una agencia de publicidad norteamericana, una fábrica automatizada coreana, un banco japonés y un barco de la marina mercante de Taiwán.

En este horizonte, los reclamos de armenios y ucranianos, de bosnios y eslovacos, de catalanes y franco-canadienses parecerían absurdos si no escondiesen una gran verdad: el apego a la identidad cultural para contrarrestar la velocísima integración mundial que podría dejarnos a todos sin rostro, o con una sola máscara sonriente: la del robot feliz.

La aldea *local* se enfrenta, de este modo, a la aldea *global:* al caer las máscaras rígidas de la guerra fría, dos ideologías complementarias por la necesidad de contar, cada una, con un enemigo visible, dejaron al descubierto, desamparadas, contradictorias, pero vivientes, las propias realidades ocultas tras la oposición Este-Oeste.

Las culturas han impuesto su carácter infraestructural, asiduamente negado por las dos ideologías del progreso, capitalista y comunista. Como consecuencia, resurgen hoy con toda la fuerza de un surtidor largamente segado, abundante pero cargado de aguas tan nutritivas como venenosas. ¿Sabremos separar unas de otras?

Por el momento, nos asombra constatar que cincuenta años de guerra fría, más doscientos de pensamiento lineal progresista, no lograron dejar atrás los tiempos múltiples, circulares, y al cabo simultáneos, de las culturas. Una *cara* del siglo XVIII, la de Condorcet y su optimismo ilimitado en el progreso lineal de la historia, había eclipsado la otra, la de Vico y su concepción espiral de una historia hecha por todos, portada por todos, en la que no hay presente vivo con un pasado muerto. Hoy reaparece el pasado en el presente.

Todo lo que se creía muerto estaba vivo: han regresado las tribus con sus ídolos, los nacionalismos y las religiones, a llenar los grandes vacíos dejados por las ideologías en pugna durante la guerra fría.

Pero aunque una de ellas, el comunismo celebra resignada sus propias exequias, la otra, el capitalismo, conmemora su triunfo y se propone a sí misma como solución universal, identificada con la razón misma del desarrollo económico global y, aun, con la inevitable dimensión política de la democracia.

De tal manera que mientras asistimos a la paradoja de una globalización de la economía enfrentada a una resurrección de los localismos culturales y políticos, el capitalismo se asigna a sí mismo una ideología universal que, nuevamente, comprime y aplaza no sólo las realidades culturales sino, lo que es más grave, retrasa las soluciones económicas y sociales concretas necesarias para que la cultura, sin perder su perfil, deje de estar en conflicto con la economía, y ésta con la justicia.

Corremos el riesgo, en otras palabras, de pasar de una teología comunista a una teología capitalista, de los dogmas de Karl Marx sepultado, a los dogmas de Adam Smith resurrecto, olvidando que las realidades políticas y económicas actuales son el resultado de una simbiosis crítica y pragmática en la cual los éxitos del capitalismo son inexplicables sin la crítica socialista —de la misma manera que la esclerosis del comunismo burocrático puede explicarse por la ausencia de la crítica liberal y democrática. El socialismo soviético se petrificó porque suprimió esa crítica. En cambio, la crítica socialista del capitalismo le permitió a éste socializarse. Ambos procesos, es cierto, se sobredeterminaron a sí mismos, ofreciendo al cabo caricaturas públicas que portan las máscaras de cartón de un Leonid Brejnev o de un Ronald Reagan.

Pues cuando hablamos de capitalismo en el mundo actual, ¿a cuál de ellos nos referimos?

El capitalismo norteamericano, en su etapa presente, profesa una religión de la iniciativa privada desregulada y de la abstención del Estado como factor de la economía, lo que no sólo es negado por obvias necesidades (los gigantescos subsidios estatales a la agricultura, por ejemplo), sino por obvios fracasos.

El modelo reaganista se basó en una ilusión envuelta en una mentira. La ilusión consistía en que se podían reducir impuestos y aumentar los gastos de defensa, incrementando la producción, la inversión y el ahorro. La verdad es que los tres factores descendieron abruptamente, desembocando en el doble déficit federal y comercial, y en la más colosal deuda exterior del mundo.

La mentira que envolvió a la ilusión es que la riqueza acumulada en la cima tarde o temprano se desparramaría hacia abajo, distribuyéndose con justicia. Esto no sucedió. Esto jamás ha sucedido. A menos que la institución estatal intervenga activamente para asegurar el cumplimiento de normas de equidad social.

Esta última ha sido, en términos generales, la política de lo que podríamos llamar el capitalismo renano, el modelo alemán como el más exitoso del conjunto europeo. El *laissez faire* preconizado por el capitalismo norteamericano no priva en el capitalismo continental europeo, en la medida en que éste solicita el consenso social del trabajador, promueve su participación en la empresa y le extiende una amplia protección social.

Pero el capitalismo más exitoso es el que con más energía niega los dogmas de la libre empresa sin trabas. El auge económico de Japón es inexplicable sin una élite burocrática que lo ha gobernado desde el fin de la segunda Guerra Mundial. No habría milagro capitalista japonés sin el capitalismo de Estado japonés.

Quisiera derivar, como latinoamericano, dos consecuencias inmediatas de esta diferenciación de las economías de mercado, de esta ausencia de un solo modelo de capitalismo como opción única para nuestros propios países.

La primera es que los defectos y el declive evidentes de la economía norteamericana no sólo la despojan de su pretensión de modelo para Latinoamérica. Hay algo más y tiene que ver con una pretensión aun más seria, que es la de proclamar a Estados Unidos como única gran potencia después del derrumbe de la otra gran potencia y de la Guerra del Golfo.

Pero si la Guerra del Golfo constituyó un triunfo de la fuerza militar norteamericana, no restauró, de manera alguna, el poder político y económico detentado por Estados Unidos entre Hiroshima y Vietnam, entre 1945 y 1965.

La primera guerra caliente de la posguerra fría se ganó con armas fotogénicas, aunque quizá no tan eficaces como lo registraron los medios de información, pero sólo se ganó para pedirles a Alemania y a Japón que sufragaran, en la medida de 14 mil millones de dólares, el triunfo de una operación en la que ni Bonn ni Tokio, por razones constitucionales, podían participar físicamente, pero en la cual, además, no tenían por qué ser sujetos de responsabilidad financiera sin la responsabilidad política correspondiente.

¿Se encamina Estados Unidos, como la España de Felipe III, a ser un imperio pobre de sostenida decadencia? Evitarlo depende de la capacidad de la democracia norteamericana para acentuar, por encima de todo, las reservas de su mayor riqueza, que es su capital humano, dándole objetivos comparables a los del Nuevo Trato en los años treinta.

Para ello, Estados Unidos cuenta con un establecimiento científico y humanista de primer orden, y con un sistema federal, flexible e inteligente, que es una de las grandes creaciones del animal político.

Sin embargo, la necesidad de un enemigo externo es casi atávica en el ánimo norteamericano.

¿Contra quién saldrá hoy a luchar el capitán Ajab? ¿Dónde está ahora la ballena blanca? ¿Quién es el enemigo?

La nación norteamericana se ha quedado sin villanos. No debe buscarlos afuera. Los enemigos están adentro y se llaman problemas del medio ambiente, derechos de la mujer y de la tercera edad, los cientos de miles de norteamericanos que viven sin techo, un sistema educativo en plena decadencia, la desintegración y vejez de las infraestructuras, las ciudades devastadas por el crimen y la droga, la creciente animosidad racial.

El pueblo de Estados Unidos sabe que el monopoder es una ilusión y el triunfalismo militar una euforia pasajera. A las procesiones de ayer han seguido las recesiones de hoy. El verdadero desafío es el de una sociedad interna sana. Y es un desafío que coloca el tema social en el centro de la relación de un país consigo mismo. De su resolución dependerá, enseguida, el papel que ese país pueda jugar en la escena internacional.

Es decir: lejos de disiparse en una autocongratulación capitalista por la muerte del socialismo, el problema social redefine las posiciones políticas con mayor vigor que nunca.

Los problemas de la sociedad no han desaparecido con los festines de los últimos tres años. Cuanto en ellos deba ser celebrado apenas disimula lo mucho que deberá ser advertido críticamente y resuelto mediante la socialización de la vida política. En otras palabras: el fin del estalinismo al este del Elba no significa el fin de la injusticia social ni al oeste del Elba ni al norte, ni al sur del río Bravo.

El ciudadano norteamericano que favorece la legalización del aborto es de izquierda; quien quisiera prohibirlo sería de derecha. Y sumarse a las campañas homofóbicas y contra la libertad de expresión artística del senador Jesse Helms es, simplemente, una posición fascista.

Si esto es cierto en Estados Unidos, lo es también en la Europa próspera y comunitaria, donde la xenofobia, el fanatismo religioso, el antisemitismo, el antiislamismo, cobran cada día más fuerza y se organizan en formaciones tan ominosas como el Frente Nacional de Le Pen en Francia, los grupos neonazis de Alemania o las huestes de Jorg Haider en Austria.

¿La supuesta muerte del socialismo autoriza la resurrección del fascismo?

¿Veremos un traslado de las prácticas del Gulag y la represión en nombre del comunismo a las prácticas del pogromo, las matanzas y las expulsiones en nombre de la libertad capitalista?

No olvidemos que siempre ha existido una libertad que Orlando Patterson llama "la libertad de la fuerza" y que define a la libertad como libertad para dominar a los demás.

Pues de la misma manera en que los antiguos griegos se sintieron justificados al dominar a los bárbaros; así como Ginés de Sepúlveda celebró la explotación y el exterminio del indígena americano por la autoproclamada superioridad cristiana; de idéntico modo a como Kipling alabó la carga colonial del hombre blanco para empujar a africanos e hindúes hacia el progreso; de forma parecida a como el antiguo politburó soviético sintió que arrastraba a Afganistán del feudalismo a la modernidad, hoy podemos conocer una versión sublimada y pervertida de esta misión que es la de crear un club de ricos, con sedes en Japón, Europa y Estados Unidos, que excluya a la mayoría humana de los pobres, aunque prometiéndoles una vaga recompensa de prosperidad en un futuro lejano, si mientras tanto se portan bien, ya no organizan revoluciones y se contentan, como Tántalo, con ver de lejos los frutos de la abundancia en sus pantallas de televisión, sin poder nunca tocarlos.

En la actualidad, el 20% de la humanidad acapara el 80% de la riqueza mundial. La acelerada concentración de la riqueza en el Norte está excluyendo al Sur de los beneficios de la integración económica, el avance tecnológico y la comunicación eficaz. En vez de la cortina de hierro, podremos ver la erección de una cortina de tortilla entre el Norte y el Sur del Hemisferio Occidental; un velo de arena separando al Islam de Occidente y una barda de bambú excluyendo a buena parte del mundo asiático.

Podemos ser testigos próximos de una distancia inalcanzable entre lo que Heidi y Alvin Toffler llaman el mundo veloz y el mundo lento.

El nomadismo rico descrito por Jacques Attali, nómadas en *jet*, acompañados de una cultura portátil, deberá coexistir con un nomadismo pobre, de burro y de huarache, de camello y de sandalia, rechazado y finalmente negatorio de las virtudes de la aldea global abierta e integrada.

Si los nacionalismos y las religiones resurrectas se avienen mal con la economía supranacional, su complemento fatal sería la erección de verdaderas barricadas alrededor de los centros de poder económico: las periferias vivirán, nos advierte Attali, hacinadas, asfixiadas y olvidadas: "Los horrores del siglo XX palidecerán en comparación".

Oscar Wilde decía que el pesimista es aquel que obligado a escoger entre un mal menor y un mal mayor se queda con ambos. ¿Corremos el peligro de un *apartheid* a escala mundial, en el que las alambradas de hecho y de derecho separen para siempre a los capaces de los incapaces, a los claros de los oscuros, a los sanos de los enfermos y a los ricos de los pobres?

Como en la profética película de Fritz Lang, *Metrópolis,* ¿un submundo invisible coexistirá con un supramundo luminoso: el sótano o el *penthouse?* ¿La predestinación anulará la creación y la justicia? Admitirlo sería renunciar a nuestra humanidad.

Prefiero creer que el pesimismo es sólo un optimismo bien informado. Pues la imagen que estoy empleando no se detiene en una división Norte-Sur entre primero y tercer mundo, ya que dentro de cada país del llamado primer mundo se ha instalado ya un tercer mundo de desposeídos, sin techo, enfermos, ancianos, drogados y desempleados que constituyen el tercer mundo del primer mundo, en tanto que cada país del tercer mundo tiene su propio primer mundo de privilegio y acceso a la cultura portátil y al universo veloz de la modernidad. Este simple hecho bastaría para perforar las barreras artificiales, pues el Sur exportará su pauperización al Norte, que ya genera la suya propia. Sin el desarrollo efectivo del Sur, en otras palabras, el Norte carecerá de horizontes despejados para su propio desarrollo.

La cooperación económica internacional no es, por ello, un acto de filantropía sino de interés mutuo, sobre todo si se toman en cuenta datos que nos avasallan a todos, y que en un discurso reciente evoca Pierre Schori : 1 000 millones de seres humanos —una quinta parte de la humanidad— viven en la miseria absoluta; cada día que pasa, 40 mil niños mueren muertes innecesarias; y en esta década, nacerá la generación más numerosa en la historia del planeta: 1 500 millones de nuevos seres.

Con razón nos pregunta el político sueco: ¿cuánta pobreza soporta la democracia, cuánto subdesarrollo tolera la seguridad global?

Volvemos, pues, a la cuestión social que disipa todas las utopías pasajeras: tanto el Norte como el Sur, el primero como el tercer mundo, las metrópolis como las periferias, confrontan un primer deber, que es el de poner en orden sus propias casas, unir la democracia al desarrollo y éste a la justicia social.

No nos exige menos la supervivencia misma del género humano, viva en la aldea global o sobreviva en la aldea local. Puede haber desarrollo sin justicia ni democracia; puede haber democracia y desarrollo sin justicia, puede haber justicia sin democracia ni desarrollo: abundan los ejemplos. Todos ellos nos demuestran que sin los tres factores unidos —desarrollo, democracia y justicia— la vida en el planeta resulta más pobre, más amenazada, incompleta y cruel, peligrosa y ciega, pues uno o dos de estos factores, sin el tercero, representa sólo un espejismo, pronto desvanecido por la realidad de base, objeto de nuestro deseo, de nuestra perplejidad y de nuestra interrogación, ayer y hoy: el carácter protagónico de las culturas, creadas por todos nosotros, reprimidas ayer, vitales y contradictorias hoy, en un mundo de inmensos peligros económicos y ecológicos.

¿Cómo encauzar, finalmente, el vasto y tumultuoso río de las culturas a cauces que superen los escollos y alimenten las cosechas de la posguerra fría?

Me parece que hay tres respuestas a esta pregunta. Una es política. La segunda jurídica. Y la tercera es humana, cultural y social.

Políticamente, las ilusiones de una era de democracia irreversible basada en el funcionamiento irrestricto de las fuerzas de mercado no eximen a nadie de crear, dentro de su propia comunidad, una sociedad mejor, más justa y más libre. Corresponde localmente a los ciudadanos norteamericanos, rusos, franceses, argelinos o iraníes, mexicanos o argentinos, poner sus casas en orden, liberándose de la exigencia anterior de sacrificar la riqueza de sus culturas a la esterilidad ideológica de la guerra fría.

Jean Daniel nos advirtió hace ya veinte años: las naciones pequeñas no le temen a la guerra. Le temen a la guerra fría, pues internamente la guerra fría conduce al endurecimiento y a la represión, e internacionalmente en la guerra fría "los aliados se convierten en clientes, cómplices o colonias".

Que esto no ocurra cuando pasamos de la guerra fría al mercado caliente. Ello depende de otro factor político, que es la memoria.

Conocemos de sobra el altísimo costo de la tiranía y de la intervención soviética en Europa central. El drama de Hungría, Polonia y Checoslovaquia está vivo en todos los recuerdos. Los resultados de cuarenta años de desgobierno saltan a la vista desde el Elba hasta el Vístula.

Menos atención se ha prestado al precio que América Latina debió pagar en aras del anticomunismo militante de Estados Unidos en el Hemisferio Occidental. El sacrificio de iniciativas propias, el aplazamiento de problemas que no fueron creados por el comunismo, sino por la conquista y la colonia, por la independencia sin igualdad y por la intervención extranjera, es decir: por la historia.

Una y otra vez, en tiempos distintos, de maneras diferentes, en Guatemala y en Chile, en Cuba y en Nicaragua, América Latina debió pagar el precio de la guerra fría, prolongando dos trágicas divergencias en nuestros países: una, entre la óptica histórica del continente y la miopía del prisma Este-Oeste;

otra, entre la realidad sociocultural de Indoafroiberoamérica y las estructuras políticas, demasiado débiles, estrechas o anacrónicas como para dar cabida a la potencia y a la diversidad de la sociedad y la cultura.

Hoy, Estados Unidos no puede ya invocar la cruzada anticomunista o la amenaza soviética como pretexto para intervenir en América Latina. Acaso invoque otros pretextos: la invasión de Panamá, violando toda una panoplia de tratados internacionales, lo demuestra. Y es más fácil, con el pretexto del tráfico de droga, militarizar Bolivia, donde está la oferta, que militarizar el Bronx, donde está la demanda.

Pero la pelota, de todos modos, está en nuestro lado de la cancha.

La democracia moderna de América Latina tiene ante sí la obligación de promover y defender la justicia social en un continente donde el número absoluto de pobres crece continuamente mientras la distribución del ingreso empeora continuamente, donde los salarios se contraen, los empleos desaparecen, la alimentación se vuelve escasa, los servicios públicos declinan, la malnutrición y la mortalidad infantil aumentan...

En respuesta a estas negaciones, una afirmación inédita empieza a aparecer en América Latina. La sociedad civil se organiza y se manifiesta de abajo arriba y de la periferia al centro. Esto es una novedad considerable en países tradicionalmente ordenados de arriba hacia abajo y desde el centro a la periferia.

Mas si esta nueva dinámica ha de mantenerse, requiere el apoyo de una izquierda democrática, liberada finalmente de la enajenación a la política soviética o a la dogmática marxista, fuera de los poderes del Estado y de la empresa privada, limitando a ambos, o imponiéndoles, o extrayéndoles, o ayudándoles a elaborar políticas de justicia social que acompañen cada paso del desarrollo económico y sujeten al Estado a vigilancia y debate democráticos.

Un proyecto de democracia latinoamericana en la actual situación internacional no es, en consecuencia, ajeno al debate que hoy preocupa a muchísimas sociedades.

¿El llamado socialismo real fue sólo una perversión?

¿Puede reanudarse el proyecto socialista a partir de sus bases originales, prístinas, humanistas?

¿O será la misión del socialismo no tanto dar las respuestas, sino hacer las preguntas?

¿Atravesará el socialismo su desierto político desde una oposición en la que es más eficaz fuera del poder que en él, contribuyendo a un diálogo esclarecedor con la porción civilizada de la derecha, vigilando el centro moderador del Estado y oponiéndose vigorosamente a la derecha neonazi?

¿Será el socialismo matriz del indispensable debate sobre la naturaleza de sociedades que no pueden contentarse con la gratificación instantánea?

El poeta y premio Nobel de Literatura Joseph Brodsky teme que el futuro no sea ni de una fe ni de una idea: el dinero es el pecado original pero también el pecado del futuro. "Hacedme caso —dice Brodsky—: llegará el día en que los pueblos se distinguirán tan sólo por los diversos tipos de cambio de sus monedas."

No es ésta la manera de superar, por un lado, a las tribus y a los ídolos ni, por el otro, al robot feliz. Necesitamos elaborar las dimensiones de lo que el poeta ruso Andrei Voznesenski llama, desde ahora, el "poscapitalismo", una economía de mercado con responsabilidad cívica, seguridad social y dimensión espiritual; lo que el crítico peruano Julio Ortega llama la "democracia radical", el fortalecimiento de la "condición civil, humanizadora, solidaria [...] del ejercicio democrático", y el escritor mexicano Carlos Monsiváis la movilización permanente, a efecto de alcanzar un movimiento constante de socialización de la vida pública.

El novelista húngaro Jorge Konrad, escribiendo desde el corazón de las tinieblas de Europa central, explicó mejor que nadie, en uno de los libros capitales de nuestro tiempo llamado *Antipolítica,* la fuerza matriz, a la postre invencible, de la democracia y la cultura aunadas, más allá del comunismo y del capitalismo dogmáticos. Esa fuerza es la sociedad civil, su raíz de civilización, su voluntad de no sacrificar la vida al dogma y de sorprender por igual a los sacerdotes del capitalismo y del comunismo.

¿Y en América Latina?

De cuanto he dicho se desprende que vamos a vivir en un mundo peligroso, violento, desafiante, pero abierto a una imaginación creativa y mediadora entre los extremos que he evocado: economía global y nacionalismos resurrectos, separatismos y balcanizaciones políticas, ideología capitalista y problemas del trabajador y de la sociedad, multipolaridad y unipolaridad, división Norte-Sur.

¿Podrá América Latina desempeñar, precisamente, un papel mediador, ejemplar, entre estos extremos?

En primer término, y para nuestra gran fortuna, en América Latina no se dan separatismos porque en estos quinientos años hemos logrado que la nación y la cultura coincidan.

Nos hace falta, es cierto, que coincidan la nación y la justicia. Y que la democracia —nuestra todavía frágil democracia latinoamericana— avale la identidad de justicia, nación y cultura.

Los tres términos pueden coincidir si entendemos que el separatismo es enemigo de la diversidad y que ésta, la diversidad, es el valor real de la convivencia entre las culturas.

En América Latina —segundo argumento— esto significa respetar la diversidad de una cultura de tradiciones y orígenes múltiples mediante el respeto a la actividad crítica de la sociedad civil, creadora y portadora de los valores culturales.

Nuestras sociedades civiles proponen una mediación ejemplar que rechaza por igual al capitalismo salvaje y a la burocracia populista. La diversidad crítica de nuestros países no excluye a las fuerzas del mercado, pero les impone límites; no arroja por la borda al Estado nacional que tantos esfuerzos nos costó crear, pero le exige ponerse a dieta a fin de cumplir mejor funciones indispensables para el desarrollo y la justicia. El problema no es más Estado o menos Estado, sino *mejor* Estado. Y el mercado no es fin en sí mismo, sino medio para obtener mejores metas sociales.

Nuestras sociedades civiles desean participar en proyectos de integración acordes con la dinámica global de las relaciones internacionales, pero reservando claramente los espacios, por ello mismo más importantes, de las soberanías nacionales.

Queremos un mundo de cooperación, no de explotación; de interdependencia, pero sin herir la independencia; de legalidad, no de impunidad, internacionales.

Y queremos todo esto a partir de, pero también en defensa de, la base misma de nuestra participación en la historia: la continuidad cultural de Iberoamérica.

Dicha continuidad abarca otra, la tercera contribución fundamental de América Latina al mundo multipolar de la posguerra fría: la jurídica.

La historia moderna de las Américas es la de una brutal asimetría de poder entre Estados Unidos y América Latina. Los latinoamericanos hemos dado respuesta a esta situación con el derecho: desde hace ciento cincuenta años, intentamos limitar el poder excesivo de Estados Unidos mediante leyes y tratados acordados por ambas partes. Cuando hemos respetado este orden legal, todos hemos ganado. Cuando lo hemos violado, todos hemos perdido.

Sin embargo, a pesar de los hechos de poder desnudo que, una y otra vez, nos han hecho desesperar del derecho, no tenemos otro escudo. Sin el derecho, dijo una vez el presidente Raúl Alfonsín, vivimos la ley de la selva; y en la selva, los latinoamericanos no somos los leones.

Pero hemos sido, al menos, buenos domadores en una jaula inhóspita, como lo demuestran, finalmente, la guerra y la paz en Centroamérica.

Sin la Declaración Franco-Mexicana de 1981, reconociendo al FMLN como fuerza política representativa en el conflicto salvadoreño, pasando por los procesos de Contadora y Esquipulas, que pusieron la iniciativa en manos de los propios centroamericanos, el acto culminante del pasado 16 de enero en el Castillo de Chapultepec —la firma de los acuerdos de paz en El Salvador— no hubiese sido posible.

Mucho dolor, mucha sangre se hubiesen evitado si, desde un principio, las voces de la razón, que eran las de la diplomacia y el derecho, se hubiesen impuesto a las de la sinrazón.

La administración Reagan saboteó conscientemente todos los esfuerzos diplomáticos de América Latina.

Es de esperar que, hoy y mañana, Estados Unidos se sume al derecho, y gane con ello, como lo hizo Franklin Roosevelt, una plataforma de cooperación y amistad en este hemisferio.

Mientras tanto, en la estela de la guerra del Golfo, el derecho ha sido proclamado piedra angular del nuevo orden internacional y las Naciones Unidas dotadas de un poder y una flexibilidad de acción de las que siempre habían carecido.

Falta saber si la ONU se fortalecerá admitiendo, también, las realidades políticas surgidas de la nueva constelación representada por Japón, la Comunidad Europea y sobre todo la Alemania unida.

Falta saber si el imperio del derecho sólo se ejercerá sobre los débiles y no sobre los fuertes.

Y falta saber si el concepto de seguridad, radicalmente disminuido en el terreno militar, abarcará a tiempo temas como el desfase en el desarrollo, la amenaza ecológica o la proliferación de armas y conocimientos nucleares entre países en todos los demás sentidos débiles.

Pero aunque la ley en muchos casos no se aplica, en otros sí tiene indispensable vigor. Y lo que a todos nos corresponde como ciudadanos en nuestras comunidades, y como Estados en la comunidad internacional, es procurar que el espacio de la ley se expanda.

Todos somos, en este sentido, holandeses tratando de ganarle terreno al mar.

Muy particularmente, el derecho se convierte en una necesidad tanto interna como internacional, para darle su justa proporción al tema más importante, junto a la preservación de la paz y la salvación del medio ambiente del siglo por venir.

Me refiero, a la luz de cuanto aquí he dicho esta mañana, a las inevitables y masivas migraciones planetarias que ya se anuncian del Este hacia el Oeste y del Sur hacia el Norte.

Durante quinientos años el Occidente se desplazó sin pedirle permiso a nadie hacia el Oriente y hacia el Sur, imponiendo y diseminando sus valores.

Ahora el movimiento se invierte: el Sur y el Oriente se mueven hacia el Norte y el Occidente, preguntándonos a todos: ¿puede coexistir la integración económica con la diversidad cultural y con la equidad jurídica y social?

La migración masiva es un acontecimiento internacional que, más y más, exigirá solidaridad interna y legalidad internacionales para proteger los derechos del trabajador.

De esta manera, en el mundo que estamos construyendo todos después de la guerra fría, los problemas pospuestos marchan con urgencia hacia adelante; cuanto ocurre en una parte del planeta acaba por repercutir en las otras; nada puede ser aislado y ello exige apego al derecho para no confundirse con el caos.

El componente cultural hace nuevos y sorprendentes llamados a nuestra imaginación y la historia está muy lejos de haber concluido.

Uno de sus protagonistas es el Otro, ruso y bosnio, norafricano y turco, colombiano y salvadoreño, mexicano y vietnamita, coreano y japonés, pakistaní y senegalés. Ahora, el Otro está con nosotros, el Otro ha llegado a compartir nuestro tiempo y nuestro espacio, y sin él o ella no habrá un nuevo orden internacional digno de ese nombre: la ciudad multiétnica y multicultural es el producto *inevitable* de las comunicaciones instantáneas, la integración económica y la integración paralela de la cultura, la sociedad y la política locales.

Todo ello encarna en el desafío del Otro, el desafío a nuestros prejuicios, al sentido de nuestros propios límites, a nuestra capacidad de dar y de recibir, a nuestra inteligencia para entender lo extraño —la cultura del otro— y de ser entendidos por ella.

En resumen, como parte de la mayoría, los latinoamericanos debemos potenciar nuestra particular capacidad de inclusión y de transformación para crear culturas que en la pureza y el aislamiento perecen, y que sólo en la comunicación, el mestizaje y el contagio viven y prosperan.

En 1992 podemos recordar que los latinoamericanos —mejor dicho, los indoafroiberoamericanos— hemos hecho una cultura heredera del mundo indígena precolombino, pero también del mundo africano y de un mundo europeo que no es sólo ibérico, sino mediterráneo: levantino, griego y romano, judío y árabe.

No le tengamos miedo al inmigrante: cuando excluyen, las culturas pierden; cuando incorporan, las culturas ganan.

Cuanto aquí he dicho está templado, en palabras de Fernando Henrique Cardoso, por el riesgo real del fracaso. El mundo cambia y se ordena porque el mundo teme acabarse en el suicidio nuclear o ecológico.

Las palabras de Pascal adquirieron su resonancia plena en nuestro siglo: "Todo lo que se perfecciona por el progreso también perece por el progreso".

Esta advertencia no fue escuchada, porque la modernidad había expulsado la conciencia trágica.

En la ausencia de la tragedia se instaló el crimen: Auschwitz y el Gulag, Pol Pot y Pinochet.

La tragedia de la modernidad fue la ausencia de tragedia.

¿Seremos capaces de restaurar, en los años por venir, un mínimo sentimiento trágico, para parafrasear a Miguel de Unamuno, más acorde con las derrotas inevitables que, sin embargo, ponen a prueba nuestra capacidad de convertir la experiencia en conocimiento?

¿Sabremos, en otras palabras, darle tiempo a la historia a fin de que los valores opuestos, en vez de aniquilarse mutuamente, se resuelvan el uno en el otro?

Entretanto, un orden internacional basado en el derecho y en la cooperación es una meta difícil de alcanzar —quizás imposible—. Pero en la medida de las posibilidades, exige capacidad diplomática, apego al derecho, imaginación política y coraje humano, incluyendo el coraje de aceptar derrotas inevitables que, a pesar de todo, pueden asegurar la continuidad de la vida.

¿Cómo? Mediante la política, la cultura, el amor y el arte que recibimos, enriquecemos y heredamos, sin concluir jamás la tarea: hay un *Sísifo* útil cuya piedra, en vez de rodar al abismo cuando alcanza la cumbre, es tomada por nuevos brazos y llevada a la cumbre siguiente, cuando los nuestros se fatigan.

Al concluir el siglo XX, el horizonte de un nuevo orden mundial revela la variedad de la condición y la experiencia humanas: es decir, la continuidad de la vida.

Para asegurarla, debemos todos cooperar en un nuevo proyecto de modernidad que no excluya a nada y a nadie, y que pueda ser compartido por tantos como sea posible, sin violentar la tradición cultural de cada cual.

Nuestra meta sólo puede ser *una sola potencia:* la superpotencia mundo.

ÍNDICE

Este libro se terminó de imprimir y encuadernar en el mes de junio de 1994 en los talleres de Encuadernación Progreso, S. A. de C. V. (IEPSA), Calz. de San Lorenzo, 244; 09830 México, D. F.
Se tiraron 5 000 ejemplares.

OTROS TÍTULOS DE LA

COLECCIÓN POPULAR

Ajami, Fouad. *Los árabes del mundo moderno.*
Azuela, Mariano. *Los de abajo.*
Azuela, Mariano. *Mala yerba* y *Esa sangre.*
Azuela, Mariano. *Páginas autobiográficas.*
Azuela, Mariano. *Tres novelas.*
Báez, Carmen. *La robapájaros.*
Barre, Raymond. *El desarrollo económico.*
Beiner, Ronald. *El juicio político.*
Bellonci, Maria. *Delito de Estado.*
Bellonci, Maria. *Secretos de los Gonzaga.*
Bobbio, Norberto y Michelangelo Bovero. *Sociedad y Estado en la filosofía moderna.*
Bodenheimer, Edgar. *Teoría del derecho.*
Bourrinet, Jacques y Maurice Torrelli. *Las relaciones exteriores de la Comunidad Económica Europea.*
Braudel, Fernand. *Una lección de historia de Fernand Braudel.*
Braudel, Fernand. *El Mediterráneo. El espacio y la historia.*
Braudel, Fernand y Georges Duby. *El Mediterráneo.*
Burckhardt, Jacob. *Reflexiones sobre la historia universal.*
Buron, Thierry y Pascal Gauchon. *Los fascismos.*
Campbell, Jeremy. *El hombre gramatical. Información, entropía, lenguaje y vida.*
Casas, Bartolomé de las. *Del único modo de atraer a todos los pueblos a la verdadera religión.*
Caso, Alfonso. *El pueblo del Sol.*
Cassirer, Ernst. *Antropología filosófica.*
Cassirer, Ernst. *El mito del Estado.*
Castaneda, Carlos. *Las enseñanzas de don Juan.*
Castaneda, Carlos. *Una realidad aparte.*
Castaneda, Carlos. *Relatos de poder.*
Castaneda, Carlos. *Viaje a Ixtlán.*
Castellanos, Pablo. *Horizontes de la música precortesiana.*
Castellanos, Rosario. *Balún Canán.*
Castellanos, Rosario. *El eterno femenino.*
Castellanos, Rosario. *Meditación en el umbral. Antología poética.*
Castro Leal, Antonio. *El laurel de San Lorenzo.*
Davidson, Eugene. *¿Cómo surgió Adolfo Hitler?*

Darío, Rubén. *Cuentos completos.*
Diel, Paul. *Dios y la divinidad. Historia y significado de un símbolo.*
Diel, Paul. *Los símbolos de la Biblia. La universalidad del lenguaje simbólico y su significación psicológica.*
Djordjevich, Jovan. *Yugoslavia, democracia socialista.*
Dobb, Maurice Herbert. *Introducción a la economía.*
Dore, Ronald P. *La fiebre de los diplomas. Educación, cualificación y desarrollo.*
Dunayevskaya, Raya. *Rosa Luxemburgo, la liberación femenina y la filosofía marxista de la revolución.*
Dyson, Freeman John. *Armas y esperanza.*
Dyson, Freeman, Raymond Aron y Joan Robinson. *Valores en guerra.*
Escarpit, Robert G. *Teoría de la información y práctica política.*
Fromm, Erich. *El corazón del hombre.*
Fuentes, Carlos. *Las buenas conciencias.*
Fuentes, Carlos. *La muerte de Artemio Cruz.*
Fuentes, Carlos. *La región más transparente.*
Fuentes Mares, José. *Don Sebastián Lerdo de Tejada y el amor.*
Furtado, Celso. *El Brasil después del "milagro".*
Galindo, Sergio. *El bordo.*
Gilligan, Carol. *La moral y la teoría.*
Goethals, Gregor T. *El ritual de la televisión.*
Gómez, Marte R. *Pancho Villa. Un intento de semblanza.*
Gorz, André. *Historia y enajenación.*
Gottfried, Robert S. *La Muerte Negra. Desastres naturales y humanos en la Europa medieval.*
Groethuysen, Bernhard. *Filosofía de la Revolución francesa.*
Groethuysen, Bernhard. *J.-J. Rousseau.*
Halliday, Fred. *Irán: dictadura y desarrollo.*
Harrington, Michael. *La cultura de la pobreza en los Estados Unidos.*
Harrington, Michael. *Socialismo.*
Haug, Wolfgang Fritz. *Publicidad y consumo. Crítica de la estética de mercancías.*
Horowitz, Irving Louis. *Revolución en el Brasil.*
Horsman, Reginald. *La raza y el Destino Manifiesto. Orígenes del anglosajonismo racial norteamericano.*
Hume, David. *Diálogos sobre la religión natural.*
Jahn, Janheinz. *Muntu: las culturas neoafricanas.*
Kahler, Erich. *Los alemanes.*
Kant, Immanuel. *Filosofía de la historia.*
Kissinger, Henry Alfred. *Un mundo restaurado.*
Las Cases, Emmanuel, conde de. *Memorial de Napoleón en Santa Helena.*

Laski, Harold Joseph. *Karl Marx.*
León-Portilla, Miguel. *Los antiguos mexicanos a través de sus crónicas y cantares.*
LIBRO de los libros de Chilam Balam, EL.
Lienhardt, Godfrey. *Antropología social.*
Lowe, Norman. *Guía ilustrada de la historia moderna.*
Mannheim, Karl. *Diagnóstico de nuestro tiempo.*
Marcovic, Mihailo. *El Marx contemporáneo.*
Martin, Alfred von. *Sociología del Renacimiento.*
Martínez, Jean-Claude. *El comercio de armas.*
Meadows, Donella H. y otros. *Los límites del crecimiento.*
Merad, Alí. *El Islam contemporáneo.*
Mesarovic, Mihajlo y Eduard Pestel. *La humanidad en la encrucijada.*
Milton, David y otros. *China popular.* (2 vols.)
Milton, John. *Areopagítica.*
Mojarro, Tomás. *Bramadero.*
Mojarro, Tomás. *Cañón de Juchipila.*
Mojarro, Tomás. *Yo, el valedor (y el Jerásimo).*
Moore, Joan Willard y Alfredo Cuéllar. *Los mexicanos de los Estados Unidos y el movimiento chicano.*
Muñoz, Rafael F. *Santa Anna. El dictador resplandeciente.*
Murray, Margaret, *El dios de los brujos.*
Nash, Gary B. *Pieles rojas, blancas y negras.*
Naville, Pierre. *¿Hacia el automatismo social?*
Nee, Victor y David Mozingo (comps.). *Estado y sociedad en la China contemporánea.*
Nicholas, Herbert G. *La naturaleza de la política norteamericana.*
Novo, Salvador. *Seis siglos de la ciudad de México.*
Petersen, William. *Malthus.*
Picón-Salas, Mariano. *De la Conquista a la Independencia.*
Pizano Salazar, Diego. *Algunos creadores del pensamiento económico contemporáneo.*
Poirier, Jean. *Una historia de la etnología.*
POPOL Vuh. Las antiguas historias del Quiché.
Price, Glenn Warren. *Los orígenes de la guerra con México: la intriga Polk-Stockton.*
Proudhon, Pierre-Joseph. *Apuntes autobiográficos.*
Redfield, Robert. *El mundo primitivo y sus transformaciones.*
Reed, John. *Hija de la Revolución y otras narraciones.*
Reyes, Alfonso. *Antología. Prosa, teatro, poesía.*
Reyes, Alfonso. *La experiencia literaria.*
Reyes, Alfonso. *Letras de la Nueva España.*
Reszler, André. *La estética anarquista.*

Reszler, André. *Mitos políticos modernos.*
Rials, Stéphane. *Textos políticos franceses.*
Riesman, David. *Abundancia ¿para qué?*
Rivet, Paul. *Los orígenes del hombre americano.*
Rojas González, Francisco. *Cuentos completos.*
Rojas González, Francisco. *El diosero.*
Rojas González, Francisco. *La Negra Angustias.*
Rojas González, Francisco. *Lola Casanova.*
Rulfo, Juan. *El llano en llamas.*
Rulfo, Juan. *Pedro Páramo.*
Ruz Lhuiller, Alberto. *Los antiguos mayas.*
Salinas de Gortari, Carlos. *Producción y participación política en el campo.*
Schurmann, Herbert Franz y Orville Schell. *China comunista.*
Schurmann, Herbert Franz y Orville Schell. *China imperial.*
Schurmann, Herbert Franz y Orville Schell. *China republicana.*
Senarclens, Pierre de. *Yalta.*
Seurot, François. *Las economías socialistas.*
Shackle, George Lennox Sharman. *Para comprender la economía.*
Silva Herzog, Jesús. *Breve historia de la Revolución mexicana.* (2 vols.)
Smith, Adam. *Teoría de los sentimientos morales.*
Smith, Anthony. *La política de la información.*
Snow, Edgar. *Alborada de la Revolución en Asia.*
Snow, Edgar. *La China contemporánea.* El otro lado del río. (2 vols.)
Southey, Robert. *Nelson.*
Sprott, Walter John Henry. *Introducción a la sociología.*
Stoddard, Philip H. y otros. *Cambio y tradición en el mundo musulmán.*
Tibón, Gutierre. *El ombligo como centro erótico.*
Toscano, Salvador. *Cuauhtémoc.*
Trotski, León. *El joven Lenin.*
UTOPÍAS del Renacimiento.
Valcárcel, Carlos Daniel. *La rebelión de Tupac Amaru.*
Veblen, Thorstein Bunde. *Teoría de la clase ociosa.*
Vuscovic, Pedro, *et al. El golpe de Estado en Chile.*
Wilson, Edward O. *Sobre la naturaleza humana.*
Williams, William Appleman. *El imperio como forma de vida. Un ensayo sobre las causas y el carácter de la actual circunstancia de los Estados Unidos, seguido de algunas consideraciones.*
Yáñez, Agustín. *La creación.*
Yáñez, Agustín. *La tierra pródiga.*
Zaid, Gabriel. *La poesía en la práctica.*
Zaid, Gabriel. *Leer poesía.*